꽃으로도 아이를 때리지 말라

– 프란시스코 페레와 모던 스쿨

군사반란의 수괴 역할을 한 프란시스코 페레를 군법
제 238조 1항에 의거 사형에 처한다.

-1909년 군사법정 판결문 중에서

나는 연설가도 선동가도 아닙니다. 나는 교사입니다. 나
는 무엇보다 아이들을 사랑합니다. 나는 아이들을 이해
합니다. 자유를 위한 헌신으로 젊은 세대가 새로운 시대
를 맞이할 준비를 할 수 있기를 기대합니다.

-모던 스쿨 개교식 연설 중에서

걱정하지 마세요. 당신도 알다시피 난 전혀 혐의가 없습니다. 특히 오늘은 기쁘고 희망에 들떠 있어요. 오늘 당신에게 처음으로 편지를 쓸 수 있게 되었으니까요. 내가 체포된 이후 처음으로 일광욕도 했습니다. 감방 창으로 따뜻한 볕이 들어오거든요. 당신도 즐겁게 지내시길.

－동료인 솔레다드 비야프랑카에게 보낸 편지 중에서

사랑하는 친구들, 명백한 무죄에도 불구하고 검사는 내게 사형을 구형했습니다. 내가 경찰을 비난했고 세계 아나키스트의 괴수로 프랑스의 노동조합 결성을 지시했으며 세계 곳곳의 반란과 음모에 연루되었다고 합니다. 내가 런던과 파리를 여행한 것도 이런 목적과 연관이 있다고 말합니다. 터무니없는 말로 나를 죽이려고 합니다. 심부름할 사람이 곧 떠나려 하는군요. 시간이 없네요. 경찰이 판사에게 제출한 증거들은 모두 거짓말과 중상모략으로 가득한 휴지조각에 불과합니다.

– 아나키스트 단체 루마니테에 보낸 편지 중에서

꽃으로도 아이를 때리지 말라

– 프란시스코 페레와 모던 스쿨

프란시스코 페레 · 박홍규 지음 이훈도 옮김

우물이 있는 집

벤디고 시절 페레의 가족들(1898)
왼쪽부터 트리니다드(페레의 아내). 페레, 파스(둘째 딸), 마리아(동생 호세의 부인), 동생 호세

페레의 출생지 그는 이곳 바르셀로나에서 태어나 이곳에서 처형되었다

페레의 동생인 호세 페레
페레의 글에는 동생뿐 아니라 가족에 대한 언급이 거의 없다

모던 스쿨의 동료 솔레다드 비야프랑카

페레와 로렌조
안젤모 로렌조에게 아나키즘의 세례를 받은 페레는 교
육을 통한 사회혁명을 꿈꾸게 된다

엘리제 레클뤼
프랑스의 유명한 지리학자이자 아나키스트인 그는 페레의 자유학교
를 가장 적극적으로 지지하던 인물 중 하나였다.

스페인 사회개혁 포스터
스페인은 서구사회에서 가장 늦게까지 왕정을 고수했고, 가톨릭에 의해 정의와 교육이
독점되어 있었다

블로흐의 자화상
알레르트 블로흐는 아빠과 함께 모던 스쿨의 교재로 《우주의 본질》이라는 책을 써주었다.

바르셀로나 항

바르셀로나는 19세기 말부터 스페인의 사회주의, 아나키스트 운동의 중심이 되었다. 스페인 내전 당시에는 공화정부의 마지막 거점이 된 곳이다.

이송되는 페레

군사반란 수괴 혐의를 받고 체포된 페레의 처형 전 마지막 사진

재판 광경
스페인의 드레퓌스로 불리는 페레의 재판은 입증할 만한 범죄 사실조차 없는 군사법정의 조작극이었다.

페레가 감옥에서 헨리어트 마이어에게 보낸
편지의 사본

사형 집행 후 몬주익을 떠나는 기병대

몬주익에서 옮겨지는 페레의 관

페레의 처형
허위 증거를 통해 사형을 선고받은 페레는 1개 분대에 의해 총살되었다.

페레 사건은 "계엄령"이 아닌 "군법"에 관한 것이었다. 그것은 전혀 별개의 것이다. 이것은 실제 전쟁을 제외한 그 어떤 상황에서도 정의의 실행을 군인들에게 맡겨서는 안 된다는 비극적 경고를 스페인뿐만 아니라 모든 국가들에게 메시지를 전하고 있다.

- 페레의 전기 작가 윌리엄 아처의 서문 중에서

페레는 스페인에서 가장 이름이 알려져 있는 교육운동가이자 아나키스트이다. 그는 한때 왕정을 무너뜨리려는 열혈 공화주의자였다가 공화주의자들에게서 한계를 느껴 아나키스트가 되었으나 결국 근본적으로 사회를 변화시키기 위해서는 새로운 교육이 필요하다는 것을 절감한다. 스콧 니어링의 〈새 교육〉에 이어 프로그레시브 에듀케이션 시리즈의 두 번째 책으로 페레의 책을 펴내는 데는 몇 가지 이유가 있다.

먼저, 페레는 교육의 역사에서 반드시 언급해야 마땅한 근대 교육의 선구자이기 때문이다. 그가 1901년에 문을 연 '모던 스쿨'은 흔히 자유학교의 선구라고 일컬어지는 닐의 서머힐에 비해서도 20년이나 앞서 세워졌고, 그 교육 이념과 철학에 있어서도 당시의 시대상황에 비추어보면 가히 혁명적이었다고 평가할 수 있다.

또한, 우리는 이미 100년이 훨씬 넘었지만 교육이 마땅히 가져야 할 철학을 독자들이 이 짧은 텍스트에서 공감하게 될 것이라 믿었다. 그는 자율성과 창의성을 존중하고 학교에서 모든 권위, 상벌마저도 없앴는데, 종교가 교육을 독점하고 있던 시대에 이런 실험은 가히 충격이었다. 이는 페레의 철학과 실험에 공감한 많은 교육 모델들이 전 세계에 생겨나는 계기를 마련해주었다. 이제 우리나라에서 상벌을 없애고 자율성, 창의성을 존중하는 학교들이 속속 생겨나고 있다. 오래 전 페레의 글을 통해 교육학자, 교사, 예비교사들에게는 그 근본 철학을 다시 한 번 곱씹어보는 좋은 기회가 될 것이다.

그의 글은 이미 10여 년 전 많은 예비교사, 교육의 혁신을 꿈꾸거나 시도하려는 많은 교사들에게 영향을 주었다. 심지어 '꽃으로도 아이를 때리지 말라'라는 제목은 한 교사단체에서 한 해의 슬로건으로 내걸 정도였다. 그리고 우리는 진보적인 교육을 꿈꾸는 많은 이들에게서 응원의 메시지를 받았다. 이 책은 프란시스코 페레의 '모던 스쿨'을 앞에 배치하고, 페레의 글과 시대적 배경을 이해할 수 있도록 박홍규 선생님이 쓰신 페레의 약전을 수록했다.

어쩌면 독자들은 이 책을 읽으며 페레의 교육적 실험이 지금 하고 있는 많은 실험들과 매우 유사하다는 것에 놀랄 수도 있다. 그리고 보면 국가가 교육에 개입한 이래 페레의 교육 철학과 실험을 100년이 훌쩍 넘은 이때 시도하고 있다는 것은 아이러니가 아닐 수 없다. 그러나 그의 신념과 철학이 전 유럽에 퍼졌듯이 세월이 지나 우리나라에서도 다양한 방식으로 실험되고 있다는 것은 분명 희망적인 일임에 틀림없다.

| 차례 |

프란시스코 페레의 생애와 사상/ 박홍규

LA ESCUELA MODERNA

1. 내 이상의 탄생

    나는 내가 19세기말의 정치투쟁에서 가혹한 시련을 겪을 것이라 예감했다. 나는 정의를 위한 혁명가였다. 나는 공화국(1869년 카탈루냐와 안달루시아에서 공화주의자들에 의한 반란이 일어난 데 이어 1873년에 스페인 최초의 공화국이 성립되었다. 그러나 아나키즘의 영향을 받은 노동자, 농민들은 공화국 성립에 만족하지 않고 공장과 토지를 점거하였다. 이에 부르주아지들은 봉건세력과 동맹하여 노동자와 농민의 봉기를 진압하였고, 마침내 1875년에 알폰소 12세의 왕정복고가 실현됨으로써 스페인의 역사는 후퇴하고 말았다.)에서 자유, 평등, 박애가 이루어지리라고 확신했었다. 나는 이러한 이상을 달성하는 데는 왕정에서 공화정으로 정부형태를 바꾸는 정치적 운동 외에 다른 방법이 없다고 보았다. 그러므로 오직 공화국 선전에 몰두했었다.(1880년대 초기, 20대 초반이었던 페레는 당시 공화국 지도자 루이스 소리야의 비서였다. 이때가 그의 생애를 통 틀어서 정신적으로 가장 급속하게 성장했던 시기다.) 혁명운동에서 주도적 인물이었던 마뉴엘 루이스 소리야 Manuel Ruiz Zorrilla(스페인 정치인으로 1834년 부르고 태생. 마드리드 대학에서 법률을 공부하면서 급진주의자가 되었으며, 왕정을 타도하기 위하여 1866년 마드리드의 군사봉기를 이끌었다가 실패하여 프랑스로 망명, 2년 후 스페인에서 혁명으로 성립된 첫 공화국 내각의 멤버가 되었다. 1870년 국회의장으로 선출되었으며, 부수상을 역임하였다.)를 통해, 나는 스페인의 많은 혁명가들, 그리고 몇몇 저명한 프랑스 정치운동가들을 만났고, 그들과 함께 지내면서 많은 것을 알게 되었다. 나는 그들 중 많은 사람들에게서 은폐된 위선과 이기주의를 발견하였다. 반면 그들 중에서 보다 진실한 사람들에게서는 불충분한 이상을 보았다. 결론적으로 나는 그들 중 어느 누구에게서도 현재 우리가 겪고 있는 이 무질서의 근본적 원인에 접근해서 완전한 사회적 개혁을 이루어낼 수 있는 구도를 찾지 못했다.

나는 파리에 머물렀던 15년 동안 불랑이즘(1886년 국방장관이 된 불랑제는 비스마르크 제국의 포로로 잡혀있던 프랑스 국경경비대원들을 석방시켜 민중에게 높은 인기를 얻었다. 그는 1889년 의회선거에서 승리하여 독재정권을 세우려했으나, 선거 직전 공화주의자들로부터 국가내란음모 혐의를 받아 브뤼셀로 망명, 자살하였다. 그 결과 기회주의적 공화주의자들의 세력이 더욱 강화되었다.), 드레퓌시즘, 민족주의 그리고 공화국의 위기를 목격하면서, 프랑스에서도 민중교육의 문제가 해결되지 않았다고 확신했다. 그리고 만일 프랑스에서 해결되지 않았다면, 보통교육에 대해서도 늘 몰이해를 드러냈던 스페인 공화주의 정당이 그 문제를 해결할 가능성은 거의 없었다.

만일 스페인 공화당이 루이스 소리야를 축출한 이후 각 위원회, 각

자유사상가 그룹, 혹은 각 프리메이슨 지부와 연대하여 합리적인 학교 설립에 전념했더라면, 현재 사람들의 처지가 어떻게 되었을지 생각해보라. 만일 그들이 대통령, 장관 그리고 위원장 같은 관직에 목을 매지 않고, 민중을 교육하기 위해 나선다면 어떻게 되었을지 생각해보라. 30년 뒤에는 아이들을 위한 주간학교와 성인들을 위한 야간학교를 모두 설립할 수 있을 것이다.

일반 대중이 교육을 받는다면 자신들의 대표를 고작 왕정주의자들이 제안한 동맹법을 받아들일 국회의원을 국회에 보내겠는가? 한 줌의 부자들을 위해 감수해야 하는 많은 부자유에 분개하지 않고, 고작 빵값 인하를 요구하는 집회를 가지는 것에 그치겠는가? 부당한 특권을 제거하기 위한 세력을 모으는 대신에, 소모적인 성토에 시간을 허비하겠는가?

필로테크닉 협회와 프랑스 그랑 오리엔트에서 스페인어 교수를 맡고 있는 나는 각계각층의 유력한 인사들을 만나면서 그들의 사회적 지위와 그 지위가 부여하는 특성에 대해 깊이 깨닫게 되었다. 나는 그들이 그저 자신의 개인적인 삶을 위해서, 그리고 생존경쟁에서 살아남기 위해서 아등바등 하고 있을 뿐이라는 것을 알았다. 승진을 목적으로, 혹은 스페인문학에 정통하여 이름을 날리려고, 더러는 스페인어권 국가를 여행하면서 보다 큰 즐거움을 누리려고 스페인어를 공부했다.

아무도 신념과 지식간의 괴리를 알지 못했다. 그 누구도 모든 구성원들이 이전 세대가 만든 이익을 골고루 분배받는 정당하고 합리적인 사회로 만드는 데 관심을 기울이지 않았다. 진보는 사람들의 지식과 의지와는 무관한 운명적인 것이라고 생각하였다. 인간의 운명에 있어서 양심과 힘은 아무런 역할을 하지 못하고 오로지 변동과 우연에 지배된다고 했다. 무지한 어머니들에 의해 유지되는 전통적인 망상과 고질적인 병폐를 가진 가족의 테두리, 신의 계시라는 이름 아래 허위로 가득한 종교, 그보다 더 나쁜 학교 안에서 배우며 자란 아이들은 처음부터 변질되고 타락하여 사회에 입문한다. 만약 원인과 결과 사이에 논리적 관계가 있다면 그러한 환경에서는 불합리하고 해악적인 결과 외에는 기대할 것이 없다.

나는 나의 이상을 설득시킬 수 있는 사람들이 있는지 만나보았다. 나는 이내 루이스 소리야를 둘러싸고 있는 정치인들에게는 아무런 기대도 할 게 없음을 깨달았다. 내가 볼 때 몇몇은 뛰어난 점을 지니기는 했지만 한낱 모험가들에 불과했다. 내가 논리적인 해결방안을 제시하면 그는 나를 '아나키스트'라고 불렀다. 무산 프롤레타리아를 위한 정책을 주장하면 불안한 공상적 발상이라고 비난했다. 중산층을 위한 정책에만 찬성하는 프랑스 공화주의자들, 그들을 옹호하려고 하는 기회주의적인 스페인 혁명가들, 그리고 소리만 요란한 급진주의자들에 맞서는 나를 그는 늘 심오한 급진주의자라고 불렀다.

결국 루이스 소리야는 왕정복고 초기의 왕정주의자, 보수주의자와 함께 일을 했다. 그리고 1874년 1월 3일 쿠데타(이 쿠데타로 공화국이 무너지고 1875년에 알폰소 12세의 왕정복고가 실현되었다.)에 대항하여 열렬히 투쟁했던 훌륭한 전사들이 이제는 공화당을 떠나 관직을 얻으려는 일이 흔하게 일어나고 있다. 결국 나는 소리야가 스스로 사상을 발전시키는 논리가 부족하고 이상을 추진할 힘도 없으며, 너무 온건해서 자기 견해를 내세우지도 못하는 사람들의 지지에만 의존한다고 판단하였다.

공화주의운동에 실망한 나는 학생들의 교육에만 관심을 기울이기로 마음먹었다. 내 이상과 성향에 부합하는 교육을 필생의 과업으로 삼았다. 나는 교사의 고귀한 역할과 나의 목표에 대한 확고부동한 신념을 갖고 방과 후에도 학생들과 여러 주제에 대해 토론했다. 우리는 스페인 관습과 정치, 종교, 혹은 철학에 대해 이야기했다. 나는 늘 그들의 판단이 지나치지 않게 잡아주려고 애썼다. 자신의 판단을 어느 한 정파나 학파, 당파에 교조적으로 굴복시키는 것이 얼마나 나쁜 것인가를 분명히 보여주려고 했다. 이런 식으로 나의 신념을 가지고 다른 사람들과 합의점을 이끌어내는 데 성공하였고, 그들이 여태까지 의심 없이 받아들였던 신앙, 복종, 신념을 극복하게 했다. 나의 동료와 학생들은 잘못된 신념을 버리고 그들 자신을 고양시키고 고상한 진리에 마음을 엶으로써 행복을 맛보았다.

자기 판단을 할 때 필요한 엄격한 논리는 광신적인 적대감을 없애고 지적인 조화를 이루어내는 것이다. 나는 어느 정도 그들에게 진보적인 성향을 제공했다. 교회와 창세기의 신화를 인정하지 않는 자유사상가들은 복음서의 불완전한 도덕성과 교회의 의식을 거부했다. 기회주의적인 공화주의자들이나 급진주의자들은 계급차별을 극복하는 데 영향력을 행사하려 하지 않고, 시민의 이름으로 주어지는 하찮은 평등에 만족했다. 자유사상가들은 형이상학적 미궁 속에서 사물의 동인動因

을 발견하고 비어있는 언어 속에 진리를 세우려 했다. 이런 사람들은 자신과 타인의 오류를 객관적으로 볼수록 점점 더 상식적인 것에 기댔다.

내가 억울한 투옥을 당했을 때, 나는 친구들로부터 많은 신뢰와 우정의 말을 들었다. 당시 나는 그들이 진보의 길 위에서 주도적인 활동을 할 거라고 기대했고, 내가 그들과 사상, 행동을 함께 한다는 것이 한없이 기뻤다.

2. 뫼니에

　내가 가르치던 학생들 중 뫼니에는 여행을 목적으로 스페인어를 공부했다. 그녀는 부양가족이 없는 부잣집 노처녀였다. 독실한 가톨릭신자였고 교회의 규율을 매우 철저하게 지키는 사람이었다. 그녀에게 종교와 도덕은 같은 것이었고, 흔히 신자들이 말하듯 '신앙심이 없거나 경건하지 못한 것'은 명백한 죄악이라고 생각했다.

　그녀는 혁명가들을 싫어했다. 또한 충동적이고 무차별적으로 민중의 무식함을 혐오했다. 이러한 감정은 그녀가 받아온 교육과 사회적 지위에서 비롯된 것이지만, 코뮌(프랑스-프로이센 전쟁에서 패배한 프랑스가 프로이센에게 굴욕적인 강화조약을 체결하자 파리 민중들은 평의회를 선출, 코뮌을 결성하였으나 '피의 일주일' 전투에서 코뮌 투사들은 티에르 정부군에 패하여 몰락하였다. 그 후 수립된 정부가 프랑스 제3공화국이다.) 시절 그녀의 어머니와 함께 교회에 갔다가 파리 거리의 아이들로부터 모욕을 당한 적이 있었기 때문이다. 그녀는 문제의 전후과정, 문제의 핵심과 부차, 원인과 결과를 따져보지 않은 채, 천진난만할 정도로 감정적이고 독단적인 자기 생각을 고집하였다. 나는 그녀의 생각이 적절하지 못하다는 걸 깨닫게 해주려고 많은 노력을 하였다.

나는 그녀와 많은 대화를 나누면서 단호한 입장을 취하지 않았다. 그래서인지 그녀는 나를 어떤 특정한 신념을 열렬히 지지하는 사람보다는 신중한 설득자로 보았던 것 같다. 그녀는 나와 토론하는 것을 즐거워했고, 내 의견을 잘 따라주었다. 나에게 돈독한 신뢰와 우정을 느끼는 한편 평소에 너무 고독해 했던 뫼니에는 나를 여행에 초대하였다. 나는 그 제안을 받아들여 여러 나라를 함께 여행하였다. 나의 설득과 우리의 돈독한 우정은, 모든 비신자는 사악하며 모든 무신론자는 죄인이라는 그녀의 생각을 바꾸어놓았다. 무신론자인 내가 그녀가 보아왔던 가톨릭교도들과는 매우 다른 모습을 보여주었기 때문이다.

그녀는 내 평소의 행동이 의외라고 생각했고, 나는 나의 그런 모습이 도리에 어긋나지 않는다는 것을 말해주었다. 결국 그녀는 내 주장이 논리에 맞는지를 알아보기 위해 증거에 의존하지 않을 수 없었다. 그녀는 편견을 극복하자 합리적이고 과학적인 교육이 아이들을 악순환으로부터 보호하고, 선하게 살게 하며, 사회를 정의롭게 만든다고 확신하게 되었다. 그녀는 자신이 예전에 경멸했던 아이들과 같은 나이이고, 같은 환경에서 자랐다면, 그들과 똑같이 되었을 것이라고 반성하면서 깊이 공감하였다. 그녀는 자신의 종교에 대한 생득적生得的 관념에 대한 믿음이 사라지자 다음과 같은 질문을 하지 않을 수 없었던 것이다. 만일 내가 어렸을 때부터 종교에 대해 교육받지 않고 자랐다면 성인이 되어서 과연 신에 대한 관념을 가질 수 있었을까?

나는 신념이 있어도 그것을 기꺼이 행동으로 옮기지 않으면 허송세월을 보내는 것과 같다고 생각하였다. 불완전한 사회구조 속에서 출생의 우연에 의하여 상류층 가정에서 태어난 사람이 사회에서 가장 중요한 특권을 소유한다. 개혁을 생각하면서도 개인적인 삶에 파묻혀 행동하지 않고 무관심한 채로 있다면, 죽을 위험에 처해 있는 사람에게 구제의 손을 뻗지 않았을 때와 같은 결과를 초래할 것이라고 생각했다. 나는 뫼니에게 이렇게 말했다.

"뫼니에 양, 우리는 이제 우리의 입장을 다시 생각해보아야 할 때가 되었습니다. 세계는 우리들에게 도움을 호소하고 있습니다. 솔직히 말해서 우리는 그 호소를 거절할 수 없습니다. 나는 전체 공동체의 일부이며, 공동체를 위해 좋은 제도를 수립하기 위한 충분한 정신적 물질적 자원이 있는데도 그것을 헛되이 탕진하는 행위는 잘못된 것이라고 생각합니다. 그런 행위를 하는 사람은 신자든 비신자든 결코 용서받을 수 없습니다. 그러니 나와 당신이 이렇게 한가하게 여행 다니는 것을 계속할 수는 없다는 말씀을 드려야겠군요. 나는 내 생각과 감정에 책임을 집니다. 나는 당신이 과거의 신앙을 합리적인 원리와 바꾸었다고 믿습니다. 그러니 나와 같은 감정을 가져야 한다고 생각합니다."

그녀는 놀랐지만 내 결정이 옳다고 인정했다. 그녀는 착한 천성과 예민한 감수성을 가지고 있었기 때문에 나에게 합리적 교육기관을 설립하기 위한 기금을 제공했다. 그리하여 내 마음속에 자리 잡고 있던 모던 스쿨 ^{Escuela Moderna}은 그녀의 자비로운 행위로 인해 실현될 수 있었다.

그녀의 기부에 대한 모든 악의에 찬 말들, 예컨대 내가 사법기관의 심문에 굴복했다는 등의 말은 순전히 중상모략에 불과하다. 나는 사법기관에서 내 목적을 이루려고 뫼니에에게 묵시적인 협박을 가했다는 말을 들었다. 이 말은 품위 있고 훌륭한 숙녀의 이름에 먹칠을 하는 말일 뿐 아니라, 나를 공격하는 말로도 적절하지 않은 것이다. 나는 내 자신을 변명하려고 하는 것이 아니다. 내 변명은 동시대인들의 공정한 판단에 맡긴다. 그러나 뫼니에는 올바른 감정을 지닌 사람들, 즉 파당과 독단의 횡포에서 해방되고 더 이상 신앙의 어둠으로 이성의 빛을 가리지 않으며, 자유의 존엄을 복종의 지배에 굴종시키지 않는 모든 사람들에게 존경받을 자격을 갖고 있다고 생각한다.

그녀는 순진한 믿음을 가졌었다. 그녀는 창조주와 피조물 사이에는 우리가 당연히 복종해야 하는 중간적 매개자인 성직계급이 있고, 인간은 성령으로 설립된 교회가 요구하는 교리에 따라야 한다고 배웠다. 그녀는 이것을 믿음으로써 마음의 평온을 얻었다. 나의 설득과 충고는 의도한 것이 아니라, 나를 가톨릭교로 전도하려는 그녀의 노력에 대한 응대에서 이루어진 것이었다. 신앙이 이성에 우선한다는 말은 논리가 부족했고, 그녀는 내 주장에 승복하고 말았다. 처음에 그녀는 나를 유혹하는 악마로 취급하면서 내 신념을 공격했다. 그러나 그녀는 자기의 신앙에 반하는 사람의 신념을 무분별하게 공격함으로 형성된 신앙과 이성을 마침내 극복해냈다.

코뮌 소년들을 범죄자의 자식으로만 바라보던 그녀는 이제 순수한 눈으로 가난하고 교육받지 못한 민중으로서 그들을 볼 수 있게 되었다. 불공평의 기반 위에 건설된 사회 질서는 부자들이 노동하지 않으면서도 막대한 부를 향유하게 한다. 그것은 비참한 사람들을 착취하기 때문에 가능한 것이다. 교회는 그들이 교회의식을 충실히 따르고 자선 행위를 하면 영원한 안락을 누릴 것이라고 믿게 한다. 그녀는 부자들의 얄팍한 선행에 대해서는 보상이 후하고 가난한 사람들의 피할 수 없는 죄과에 대해서는 무거운 처벌을 내리고 있다는 것을 알게 되자, 양심에 큰 충격을 받았다.

그녀의 종교에 대한 믿음도 다소 누그러졌다. 그녀는 어떠한 개혁의 시도도 차단해버리는 악순환의 고리를 끊기 위해 열심히 연구하고 그 결론을 체계적으로 정리했다. 그녀는 얻는 지식을 충분히 활용하기 위해 알맞은 방법으로 아이들을 교육할 여건 조성에 기여하기로 결심했다.

그녀는 아이들에게 교육을 제대로 시키면 숨겨진 높은 지적 능력을 계발시킬 수 있을 것이고, 인간이 고통과 모순 그리고 의문 속에서 획득한 지식에 의해서 미래를 변화시킬 수 있다고 생각했다. 그녀는 자신의 재산을 기부함으로써 그 중요한 활동에 이바지할 수 있다고 생각했고, 그것으로 비로소 내적인 떳떳함을 회복하고 양심의 가책을 벗을 수 있었던 것이다.

3. 모던 스쿨의 설립

나는 내 목적을 달성할 방법을 파악하자, 지체 없이 일을 추진하기로 결심했다.
- 뫼니에

오랫동안 내 상상력을 자극했던 막연한 소망을 이제 구체화해야 할 때가 되었다. 그리고 나는 목적을 달성하는 데 필요한 교육활동에 대한 지식이 부족함을 알고 다른 사람들에게 조언을 구했다. 나는 교육계 종사자들을 신뢰하지 않았다. 왜냐하면 대개 그들은 교육문제를 해결하는 데 편견의 지배를 받고 있었기 때문이다. 나는 내 이상과 일치하는 유능한 사람을 찾았다.

그의 도움으로 나는 내가 이미 생각해두었던 모던 스쿨의 프로그램을 짤 수 있었다. 합리적 토대를 가진 사회가 만들어낸 완벽한 형태의 학교는 아니지만, 선구적으로 우리의 교육방식을 가장 잘 활용할 수 있는 학교였다. 즉, 기성의 학교 형태를 단호히 거부하고 미래의 학생들에게 과학적 진리를 심어줄 수 있도록 신중하게 배려하였다.

나는 인간이 본래부터 타고난 관념이란 존재하지 않으며 자라면서 가장 가까운 사람들의 생각을 조합하여 생각을 형성하고 그 후 스스로 관찰하고 독서하면서 그 생각을 바꾸어나간다고 확신하였다. 아동이 오류를 피하기 위해서는 사물에 대한 실제적이고 진실한 관념을 받아들여야 한다. 그러기 위해서는 어떠한 신념도 강요해서는 안 되고, 오직 경험한 것이나 합리적인 증거가 있는 것만 인정하는 교육방식이 필요하다. 그런 교육을 통해 아동은 신중한 관찰자가 될 수 있고 어떠한 공부도 잘 해낼 수 있다.

나는 유능한 한 사람을 만나 우리 계획의 방침을 확인하고, 바르셀로나에 학교 설립을 위해 필요한 조치를 취했다. 우리는 건물을 마련하고 집기, 직원, 광고물, 설립 취지서, 전단지 등을 준비했다. 어떤 사람에게 배신을 당하여 큰 손실을 입기도 했지만, 1년도 안 되어 모든 준비가 끝났다. 우리는 개교하기까지 많은 어려움에 직면했는데 그것은 합리적인 교육에 적대적이었던 사람들 때문만은 아니었다. 편견으로 가득 찬 다른 부류에게 많은 시달림을 받아야 했다. 이를테면, 지역 사랑에 대한 열정에 가득 찬 사람은 모든 수업을 카탈루냐어로 가르쳐야 한다고 주장하며, 아이들의 세계를 에브로 강과 페레네 산맥 사이의 좁은 지역 안에 한정시키려고 했다. 나는 그 사람에게 세계적인 언어가 실제로 사용할 수 있을 정도로 충분히 발전해 있다면, 학교 언어로서 스페인어마저도 채택하지 않겠다고 말했다. 나는 카탈루냐어를 사용할 바에는 차라리 에스페란토어를 사용하는 게 낫다고 수백 번도 넘게 말했다.

나는 그 일을 겪으면서 제 아무리 명성과 권위가 높아도 교육개혁을 지지하지 않는 사람에 의해서 내가 계획한 결정을 번복하지 않겠다고 결심했다. 나는 내 책임에 부담을 느꼈지만 내 양심에 충실하려고 했다. 언제까지 명백한 사회적 불평등의 결과에 한탄만 하고 있을 수는 없었다. 나는 불평등의 뿌리를 찾아내 그것을 공격하고, 혁명적 감정을 고취하는 이상적 평등과 정의의 원리에 호소해야만 했다.

물질세계는 하나뿐이고 사후세계는 존재하지 않는다는 것, 우주는 신에 의해 창조되지 않았으며 영원하다는 것, 인간은 광활한 우주공간 속에서 티끌처럼 작은 행성 위에 살고 있다는 것을 대학에서는 배울 수 있다. 그러나 초등학교에서는 소수의 특권층이 과학을 장악하고는, 신이 6일 동안에 무無에서 세계를 창조했다는 것과 불합리하기 짝이 없는 고대 전설만을 가르치고 있다.

우리는 진리란 보편적이고 모든 사람이 공유할 수 있는 것이어야 한다고 생각한다. 그러나 소수 특권층은 자신들만이 그것을 독점하고 자신들 마음대로 가치를 평가하면서 하층민들을 무지 속에 가두어두려고 하고 있다. 특히 아동들에게 교육을 통해 그들의 비참하고 개탄스러운 처지를 고분고분하게 받아들이게 하고, 과학적으로 타당하지 않은 교조적인 교리를 공공연하게 강요하는 것을 나는 참을 수 없었다. 나는 가장 효과적이면서도 가장 유력한 혁명적 행위는 피억압자들, 무산자들, 그리고 정의의 필요성을 자각한 이들이 최대한 많은 진리를 획득하여 사회적 재편을 이루어내는 것이라고 확신했다. 이에 따라 모던 스쿨은 아래와 같은 선언문을 발표하였다.

모던 스쿨의 사명은 학교에 다니는 소년소녀들이 진실하며, 정의롭고, 편견에서 해방될 수 있도록 가르치는 데 있습니다.

이 목적을 위하여 낡은 교조적 가르침을 자연과학을 통한 합리적 방법으로 대체할 것입니다. 우리는 아동들의 타고난 능력을 자극하고, 발달시키고, 지도하여, 충분한 개인적 가치를 지닌 쓸모 있는 사회구성원이 되게 함으로써 전체 공동체의 발전에 헌신하게 될 것입니다.

우리는 "권리 없는 의무 없고, 의무 없는 권리 없다"는 정당한 원리에 입각하여, 건전한 사회적 의무를 다하는 젊은이들을 양성할 것입니다.

모던 스쿨의 위대한 목적을 실현하기 위해 외국 공교육의 훌륭한 성과를 받아들이고, 성 또는 계급 차별이 없는 5세 이상 아동들의 완전한 형제적 단일 공동체를 형성할 것입니다.

이를 위하여 모던 스쿨은 일요일 아침마다 전 역사에 걸쳐 전 인류의 고통과 과학, 예술 그리고 진보를 위한 투쟁에서 두각을 나타냈던 사람들에 대해서 공부할 것입니다. 학부모들도 이 수업에 출석할 것입니다.

또한 학생들의 건강한 성장을 위해 학교 건물과 그 부속건물을 위생적으로 관리할 뿐 아니라, 학교에 입학하는 아이들에게 정기적인 건강검진을 실시할 것입니다. 그 결과는 부모들에게 통보할 것입니다. 또한 전염병의 확산을 방지하기 위하여 정기적인 조치를 취할 것입니다.

나는 개교 일주일 전에 언론사 대표들을 초대하여 학교를 알렸고, 몇몇 신문은 이 활동의 의미를 소개하는 기사를 게재하였다. 다음은 〈엘 딜루비오^{El Diluvio}〉 지에 게재된 나의 글이다.

교육 안에 우리의 미래가 움틉니다. 교육 외에 다른 어떤 토대 위에 씨앗을 뿌리는 것도 사상누각이 될 것입니다. 학교는 독재의 목적에도 혹은 자유의 대의에도 이바지할 수 있습니다. 학교는 어떻게 교육하느냐에 따라 야만에도 혹은 문명에도 이바지할 수 있는 것입니다.

우리는 정부가 조직적으로 간과하고 있는 교육에 대한 사회적 역할의 중요성을 알고 모던 스쿨의 설립을 준비하였습니다. 나는 학교 설립을 준비하면서 이 절박한 교육적 요구에 화답하려는 많은 애국자와 인도주의자들을 만나게 되었습니다. 우리 학교는 새로운 세대들에게 지금껏 행해온 낡고 파당적인 관례에서 벗어나, 진보적인 조류가 제공하는 생각과 자극을 끊임없이 흡수할 수 있는 지성적 환경을 조성할 것입니다.

이러한 교육적 목표는 오직 사립학교에 의해서만 달성될 수 있습니다. 왜냐하면 과거의 모든 악습과 천박한 관습에 물들어 무력해진 공립학교들은 이런 대담한 역할을 해낼 수 없기 때문입니다. 후세대들에게 새로운 길을 열어주는 것은 이제 고상한 마음과 이기심이 전혀 없는 사람들의 몫입니다. 이제까지도 이러한 사람들에 의해 이 일은 추진되어 왔고 앞으로도 그럴 것입니다. 모던 스쿨 교장의 정중한 초대로 학교를 방문했던 사람들은 학교의 설립에 많은 관심을 보였습니다. 이 학교는 대부분의 학교처럼 상업적인 기업이 아닙니다. 스페인에서는 유일하게 마드리드에 있는 자유학교가 이와 같은 실험을 했습니다.

살라스 안톤 씨는 조촐한 개교식장에 참석했던 여러 기자들과 소수의 청중들에게 학교의 프로그램을 당당하게 소개하고, 오직 진실로 입증된 것만을 가르치고자 하는 계획을 상세하게 설명했습니다. 그 발언의 요지는 '가톨릭 학교'에서 보여주는 교조적이고 광적인 교육, 즉 인간의 마음에 빛이 들어오지 못하도록 가로막는 구름이 조금도 없는 시야가 드넓게 트인 지적 전망대를 세우려한다는 것이었습니다.

4. 초기 프로그램

이제 모던 스쿨의 개교를 생각할 때가 왔다. 나는 자문위원회를 구성하여 나에게 조언을 해준 진보적 성향의 저명인사들을 초대했다. 바르셀로나에서 그들과 나눈 대화는 매우 가치 있었고, 그들 중 많은 사람들과 오랜 관계를 유지했다. 나는 그들에게 고마움을 전하고 싶다.

어떤 사람들은 모던 스쿨의 개교식 때 언론사 의장儀裝이 새겨진 초청장과 광고물을 보내고, 큰 홀에는 음악을 틀고, 저명한 자유주의 정치인들의 연설도 곁들여야 한다고 했다. 이런 일은 하기 쉬울 뿐 아니라 그렇게 하면 청중들을 끌어 모아 순간적인 열광과 박수갈채를 받을 수 있었다. 그러나 나는 그런 제안에 넘어가지 않았다. 나는 실증주의자요 이상주의자였다. 따라서 절제하여 소박하게 개교식을 치르는 것이 적합할 것이라고 확신했다.

나는 그렇게 하지 않는 것이 오히려 위험할 거라 생각했다. 그것은 이제 교육을 개혁하려는 우리들을 무기력하게 하는 관례에 처음부터 굴종하는 것으로 여겨졌다. 그러므로 그런 제의는 내 양심과 신념에 어긋나는 것이었다. 그리고 무엇보다도 나는 모던 스쿨에 관한 모든 사항을 결정하고 책임져야 하는 중요한 위치에 있었다. 내가 1901년 10월 30일자에 발표한 모던 스쿨의 회보 제1호에서 제시한 학교운영의 기본 원리는 이랬다.

상상에서 비롯된 생각과 불합리하고 환상적인 허구가 이제까지 진실로 여겨져 왔고, 인간의 행위를 해명하는 직접적인 원리가 되어왔습니다. 또한 그것은 이성적이고 양심적으로 행동하는 것을 비난하는 구실이 되어왔습니다. 태양이 더 이상 산꼭대기만 비추게 해서는 안 됩니다. 태양은 그늘진 계곡까지 비추어야 하며 우리 모두는 한낮의 햇볕을 쬐어야 합니다. 과학은 소수 특권층만의 것이 아닙니다. 그 자애로운 빛은 의식적으로 사회의 모든 계급에 파고들어야 합니다. 그것은 모든 영역에서 전통적 과오를 몰아낼 것입니다. 우리는 경험과 관찰에 의해서만 우리를 지배하는 자연과 그 법칙에 관한 정확한 지식에 도달하고 판단기준을 마련할 수 있습니다. 그것은 사람들이 기억하기 어려웠던 이제까지의 배타적인 특권을 버리도록 명하며, 인간생활을 통제하는 원리로서 모든 사람들에게 공통적인 정서를 불어넣을 것입니다.

우리는 소규모의 물적 자원밖에는 없지만 어떤 장애가 생겨도 이를 극복할 수 있는 강건하고 합리적인 신념과 정신으로 모던 스쿨을 설립했다. 이 학교의 교육방식은 전통적 방법에 의존하지 않고 자연과학에 기초한 교육을 펼치는 것이다. 이 새로운 방법은 유일하게 건전하고도 실증적인 방법이다. 이러한 방법은 문명세계의 많은 지성인들과 고매한 사람들의 지지를 낳고 있다.

우리는 주위에 얼마나 많은 적들이 있는지를 알고 있다. 또한 사회적 양심을 억압하는 수많은 편견을 알고 있다. 이것은 절대적인 무오류의 틀 속에서 행해진 중세의 주관적이고 교조적인 교육의 결과다. 인간이 본래 타고난 자연스러운 성향은 사회환경의 영향으로 청소년기에 집중적으로 왜곡된다. 이에 맞서는 싸움은 치열할 것이고, 일은 어려울 것이다. 그러나 나는 자연의 도덕적 이치와 우리의 강건한 의지로 그것을 쟁취할 수 있다고 확신한다. 우리는 우리의 가르침에 반응하는 살아있는 두뇌를 계발시킬 것이다. 우리는 아이들이 교사의 통제를 떠난 후에도 편견에 대해 강인한 적대감을 가지며, 모든 문제에 대해 합리적인 신념을 가지고 대응할 수 있도록 가르칠 것이다.

이것은 아이들이 혼자서 사고를 형성하고, 처음 교육할 때부터 아이들이 마음대로 하도록 방치하는 것을 의미하지는 않는다. 인지 발달이 시작되는 시점에 있는 아이는 수용적일 필요가 있다. 교사는 생각의 씨앗을 심어주기만 하면 된다. 그러면 학생이 나이가 들고 두뇌운동이 활발해지면서, 아이의 특질과 개성에 따라 꽃과 열매를 맺게 될 것이다.

우리는 자연과학에 기초한 교육이 철학적인 인간으로 성장하는 데 방해가 된다는 일반적인 생각이 불합리하다고 주장한다. 우리는 오히려 그 반대가 옳다고 확신한다. 과학은 인간에게 오류를 바로 잡고, 현실에 대한 전체적인 감각을 부여하는 역할을 한다. 인간의 두뇌가 지닌 에너지는 예술과 철학의 도움을 받아 이상을 창조한다. 그러나 이상이 허황된 것, 신비로운 것, 알맹이 없는 빈껍데기로 전락하지 않기 위해서는 모래 위에 기초를 쌓지 말아야 한다. 그 기초가 안정되고 흔들림이 없으려면 자연과학의 정확하고 실증적인 가르침이 있어야 한다.

인간의 교육은 마음과 의지가 거세된 지식 훈련이 아니다. 인간은 다양한 기능을 지녔지만 완전하고도 통일된 개체다. 인간은 여러 측면에서 볼 때. 근본적으로 어린 시절에 인식하고 영향 받은 것에 비추어서 사물을 보고 사랑하고 행동한다. 현재 인간은 생물학적 법칙에 위배되는 병적인 상태에 있다. 이를 극복하기 위해서는 이성적이고 조화로운 연속성이 있는 곳에 인간을 데려다 놓아야 한다. 사고와 의지의 분리는 우리 시대의 불행한 모습이다. 그것은 얼마나 치명적인 결과를 낳았는가!

정치지도자들과 그들의 생활상을 돌아보라. 그들은 지독한 이분법에 감염되어 있다. 많은 정치지도자들은 확실히 정신적인 면에서 군건하고 풍요로운 이상을 가지고 있다. 그들은 확실히 정신적 능력에 걸맞은 힘이 있고 생각이 풍부하다. 하지만 그들은 과학을 국민의 삶에 적용하려는 건전한 태도와 생각이 없다. 그들의 끊임없는 이기주의와 친인척을 배려하려는 욕망은 그들의 마음에 거대한 장벽을 쌓고 진보적인 사상의 침투를 가로막고 있다. 또한 그러한 욕망은 그들의 행동에 있어서 결정적인 동력이다. 그들은 진보를 가로막고 민중에게 새로운 생각이 스며드는 것을 차단한다. 이것은 결과적으로 군중의 회의와 국가의 파탄, 그리고 피억압자의 필연적인 절망을 낳는다.

우리 교육의 첫 번째 원리는 진리와 선善을 향유할 수 있는 개인적 특성이 있는 사람과 거짓과 악을 향유할 수 있는 개인적 특성을 가진 사람이 따로 없다는 것이다. 우리는 자연과학을 교육의 지표로 삼음으로써 이러한 그릇된 인식을 전환시키고자 한다. 과학은 아동들에게 지적인 인상을 가슴 벅찬 활력으로 바꾸어 놓을 것이며 지성을 열렬하게 사랑하게 만들 것이다. 과학은 인간 존재의 가장 깊숙한 심연을 통과하면서 인격에 독특한 색조를 부여할 것이다.

인간은 자신의 인격의 테두리 안에서 행동하기 마련이다. 이런 방식으로 교육받은 어린이는 자신을 자율적으로 통제하면서 과학을 삶에 유일한 제어장치로 사용할 것이다. 우리 학교는 1901년 9월 8일, 30명의 학생 - 12명의 여학생과 18명의 남학생 - 으로 문을 열었다. 학생 수는 우리의 실험 목적에 적합했고, 당분간은 학생 수를 늘릴 의도가 없었다. 그래야만 아이들을 보다 효과적으로 보살필 수 있기 때문이었다. 이 새 학교를 적대시하는 사람들은 처음에는 남녀공학이라는 것을 꼬투리 잡아 비판하였다.

개교식에 참석한 사람들 중 일부는 언론이 우리 활동을 소개한 신문기사에 마음이 끌린 사람들이고, 또 일부는 학부모와 나를 지원하는 여러 노동계급 사회단체 대표들이었다. 교사들과 자문위원회는 나를 의장으로 추대했다. 그들 중 2명은 나와 함께 이 학교의 체제와 목표를 정했던 사람이었다. 우리는 묵묵히 지속적으로 활동하기 시작했다. 우리는 근대적이고 과학적이며 합리적인 학교를 만들었고, 우리 학교의 명성은 곧 유럽과 아메리카 대륙으로 뻗어갔다. 세월이 흐르면 '모던 스쿨'의 명성은 퇴색할지 모르지만 '과학적이고 합리적인' 교육은 갈수록 옳다고 입증될 것이다.

5. 남녀공학

　스페인의 교육여건상 합리적 교육 프로그램에서 가장 중요하고 가장 쉽게 현재의 편견과 관습에 충격을 줄 수 있는 방안은 남녀공학이었다.

　스페인에서 이런 생각은 절대로 새로운 것이 아니다. 깊은 골짜기와 산지에 자리 잡은 마을에서는 지리적인 여건상 사제나 성구보관인들이 소년소녀들을 한데 모아놓고 교리문답서와 글을 가르칠 수밖에 없었다. 사실 교사에게 보수를 지불할 여유가 없는 작은 마을에는 이런 교육이 법적으로 허가되거나 사실상 용인되었다. 바르셀로나에서 그리 멀지 않은 한 마을에서도 교사가 남녀 아이들을 한데 모아놓고 동일한 내용을 가르치는 것을 목도하였다.

　하지만 도시에서는 남녀공학이 허용되지 않았다. 외국에는 종종 남녀공학이 있지만 스페인에서는 아무도 감히 남녀공학을 채택하자고 제안하지 못했다. 스페인에서는 그런 제안이 혁명적인 것으로 간주되었다.

나는 이 점을 잘 알고 있었기 때문에, 이 문제의 공공연한 선전을 삼가면서 사람들과 사적으로 논의했다. 우리는 남자아이를 학교에 보내고 싶어 하는 학부모들에게 가족 중에 여자아이가 있는지를 물었다. 그리고 남녀공학의 필요성을 일일이 설명하였다. 그 결과는 만족스러웠다.

우리가 공공연하게 우리의 의도를 발표했다면, 폭발적인 반대여론을 불러일으켰을 것이다. 언론은 이 문제를 물고 늘어지면서 인습적인 정서에 호소했을 것이다. 그러면서 여론의 이름으로 – 흔히 여론은 이성보다 더 강력한 힘을 발휘한다 – 자신들의 장애물을 무너뜨리려 할 것이다. 그렇게 되면 우리의 계획을 실행하는 것은 – 불가능하지는 않지만 – 대단히 어려워졌을 것이다. 우리가 뜻대로 일이 진전됨에 따라 남학생과 여학생을 충분히 확보하여 개교를 할 수 있었고, 학생 수는 꾸준히 증가하였다.

나는 남녀공학이 매우 중요하다고 생각했다. 그 의미는 단순한 합리적 교육의 이상적인 결과를 실현하는 필요조건이 아니다. 남녀공학은 모던 스쿨의 생활을 탄생시키는 것이고, 어떠한 배타성도 없이 진보적으로 발전하는 것이며 우리의 목적을 달성할 수 있다는 자신감을 불어넣어주는 이상 그 자체이다. 우리는 편견에 맞서는 자연과학, 철학, 역사학을 결합하여, 남자와 여자는 인간의 두 가지 상보적인 모습이며, 이러한 본질적이고도 중요한 진리를 인정하지 않는 것은 가장 비참한 결과를 초래할 것이라고 가르쳤다. 나는 회보 제2호에서 신중하게 입장을 표명하였다.

남녀공학은 문명이 발달한 국가에서는 이미 널리 보급되어 있습니다. 많은 나라에서 이미 놀라운 성과를 거두었습니다. 앞으로 새로운 교육원리에 의해 남녀 어린이들이 같은 수업을 받을 것입니다. 여학생도 똑같은 방식으로 그들의 심성이 발달하고, 마음이 정화되며, 의지가 강화될 것이므로 이름만이 아닌 진정한 남성의 동반자가 될 것입니다.

사람들의 생각을 지배하는 전통적인 가치관에서는 남녀가 부부가 될 때, 여성은 남성의 동반자가 되었다고 선언합니다. 이것은 삶의 매우 중요하고도 합리적인 가치가 빠진 공허한 말에 불과합니다. 기독교교회, 특히 가톨릭에서 우리는 남녀가 동반자라는 생각에 정반대되는 것을 목격할 수 있습니다. 얼마 전 매우 독실하고 세련된 한 여성 기독교도가 교계에서 여성에게 가해지는 도덕적 평가절하를 이렇게 혹평한 일이 있습니다.

"교회에서는 여성이 성구보관인이라는 가장 낮은 지위를 갈망한다고 말하는 것조차 대단히 불경스런 일입니다."

기독교의 가르침에 감회된 남성들은 지금 여성의 지위가 고대문명 여성의 지위보다 전혀 나을 것이 없다는 사실을 알지 못합니다. 실제로, 그 때문에 여성들의 지위는 더욱 악화되었습니다. 현대 기독교에서 총대주교제(총대주교를 일컫는 '빠뜨리 아르크'는 아브라함처럼 '예수 믿는 족속의 족장'이란 뜻이다)가 발달한 결과 여성은 남성의 부속물에 지나지 않게 되었습니다. 여성은 끊임없이 남성의 절대적인 지배를 받는 존재로서, 황금의 사슬로 남성에게 묶여 있습니다. 남성은 여성을 영원한 피지배자로 만들었습니다.

이런 상황에서 여성은 남성에게 억압당하고 침묵을 강요받거나, 주인의 기분에 따라 애교를 떠는 어린애가 되어야 했습니다. 만약 여성이 자신의 새로운 정신의 표상을 정립하고 독립적인 존재임을 주장하며 느릴망정 감방의 노예상태로부터 애타게 벗어나는 중이라면, 그것은 여성이 오랜 관습에 지배되어왔고 권력이 조작해왔던 과학의 정신을 회복하고 있기 때문입니다.

이제까지 인류의 행복을 위해 남성이 이룬 성과는 결함투성이입니다. 미래에는 그 성과가 남녀 모두의 합동행위로 이루어져야 합니다. 우리가 흔히 생각하는 것처럼, 궁극적으로 남성은 여성보다 열등지도 혹은 우월하지도 않다는 점을 깨닫는 것이 중요합니다. 남성과 여성은 저마다 다른 특성이 있어 별개의 속성들 간의 우위 비교는 불가능합니다.

많은 심리학자와 사회학자들이 관찰한 것처럼 인간에게는 두 가지 기본적인 면이 있다. 남성은 이성과 진보적인 정신에 지배되기 쉽다. 여성은 감성과 보수적인 정신을 가지기 쉽다. 그러나 양성의 이러한 차이가 배타적인 생각을 조장하지는 않는다. 여성에게 지배적으로 보이는 – 자연적인 법칙인 – 보수적인 요소와 감성은 동반자로서 남성의 특성을 보완해준다. 그 특성 때문에 여성이 사물의 본질을 파악하는 것이 불가능하거나 과학적 사고를 배제하고 모든 미신과 편견을 받아들인다고 말하는 것은 부당하다. 보수적인 성향을 지닌다고 해서 사고가 일정 단계에서 멈추어버린다거나, 현실과 관련되는 모든 일에서 편견에 사로잡힌다고 할 수는 없다.

'보수적'이라는 것은 단지 우리에게 주어졌던 것 혹은 우리가 생산한 재부를 '보존'하고 싶어 하는 성향을 가리킨다. 《미래의 종교》의 저자는 이러한 여성의 특성에 관해 다음과 같이 말한다.

"무엇을 보존하고자 하는 보수적인 정신은 진리뿐만 아니라 오류에도 적용될 수 있다. 문제는 그 중에서 무엇을 보존하는가에 달려있다. 만일 여성이 철학적이고 과학적인 교육을 받는다면, 여성의 보수적인 능력은 진보적인 사고의 발달에 불리한 것이 아니라 오히려 유리할 것이다."

흔히 여성은 감각적이라고 한다. 여성은 자신을 위해서 자신이 가지고 있는 것을 이기적으로 소유하려 하지 않는다. 여성은 자신의 신념과 사상을 감성을 통해 널리 퍼뜨린다. 그 장점과 단점은 모두 여성의 도덕적인 재부를 형성한다. 여성은 신비로운 정서적 힘으로 사람들을 감화시킨다. 여성은 무의식적인 절묘한 기술로 그녀가 사랑하는 사람들의 영혼에 깊은 인상을 심어준다.

교사가 아이의 마음에 심어준 첫 생각이 진리의 씨앗이라면, 교사 자신이 이 시대의 과학적인 정신과 접하고 있다면, 좋은 결과를 낳을 것이다. 그러나 만일 교사가 아동의 정신발달 첫 단계부터 거짓, 오류 그리고 맹신을 가르친다면, 아이의 미래에서 무엇을 기대할 수 있겠는가? 어른이 된 그는 사회의 진보에 방해가 될 것이다.

아이들의 의식은 그들의 신체기관처럼 자연적으로 미숙한 단계에 있다. 그것은 부드럽고 유연하다. 아이들은 외부의 자극을 쉽게 받아들인다. 시간이 경과하면서 이런 가소성可塑性은 경직성에 자리를 내준다. 그것은 유연성을 잃고 딱딱해진다. 어릴 적부터 어머니가 전해준 관념은 양심의 외피로 그를 둘러싸고 마침내 그의 양심이 될 것이다. 사회적 교류와 개인적인 학습으로 합리적인 사고의 정치성精緻性을 획득한 유아는 아동기에도 그릇된 생각을 하지 않을 것이다.

그러면 행위의 영역에서 이런 마음의 변화가 가져오는 모습은 실제로 어떨까? 우리는 대개의 경우 성장 초기의 생각과 정서가 마음 깊숙한 곳에 남아 좀처럼 지워지지 않는다는 것을 잊지 말아야 한다. 우리는 많은 사람들에게서 이로 인한 사고와 행위, 지식과 의지간의 유해하고 비극적인 불일치를 발견할 수 있다. 이것이 종종 선행을 약화시키고 진보를 마비시킨다.

우리가 어머니 탓으로 돌리는 이런 원초적인 앙금은 매우 깊게 가라앉아 있고 지속적으로 우리 존재의 골수에까지 따라붙어 온다. 심지어는 마음과 의식의 개혁을 진지하게 수행하는 사람도 자신의 사고체계를 꼼꼼히 살펴보면, 어머니로부터 물려받은 예수회의 요소가 아직도 의식 한 구석에 남아있는 것을 발견할 수 있을 것이다.

여성은 가정에 묶여 있어서는 안 된다. 여성의 활동 범위는 가정을 넘어서야 한다. 그 범위는 사회로 확대되어야 한다. 그러나 우리가 여성의 활동에서 유익한 결과를 얻기 위해서는 여성과 주고받는 지식의 양이 제한되어서는 안 된다. 여성은 양과 질에서 공히 남성과 같은 교육을 받아야 한다. 여성의 마음에 과학이 자리 잡을 때, 여성의 풍부한 정서, 자연적인 특질은 남성들에게 평화와 행복을 가져다주는 기쁜 전조가 될 것이다.

흔히 여성은 지속적이고 남성은 가변적이라고 말한다. 그래서 남성은 개인적이고 여성은 종족적이라고 말하기도 한다. 남성의 가변성은 일시적이고 지속성이 없다. 여성이 남성의 성취를 강화하고 공고하게 해주지 않으면 그 변화는 쓸모없게 될 것이다. 그 성취는 하루만에 지는 꽃에 불과하여 별 의미가 없다. 종족적인 특질을 지닌 여성은 삶을 개선하는 요소를 보존하는 역할을 하므로 - 여성이 그 역할을 적절히 수행하기 위해서는 - 과학적인 교육이 필요하다.

여성의 정서적인 힘과 과학적인 사고가 결합된다면 인간성은 진보의 길에서 급속한 질적 발전을 이룩하고 그 성취를 백 배 증가시킬 수 있을 것이다. 리보^{Ribot}(프랑스의 진보적 심리학자. 심리학을 철학으로부터 분리하고, 생리학이나 병리학의 성과와 방법을 받아들여 심리학을 실험과학으로 구축했다. 감정에 관한 연구를 실행하여 주정주의적^{主情主義的} 심리학 체계를 수립하였다.)는 관념이 정서적 요소를 동반하지 않는다면, 동기유발이 되지 않아 어떤 것도 해낼 수 없다고 말했다. 정서적 요소가 있어야만 과학적 진실은 순수한 관조적 상태에 머물지 않고 진보에 도움이 된다. 관념이 감정, 사랑 등과 결합함으로써 관조적 상태가 사라지고 정열적인 행동으로 전환되는 것이다.

관념과 열정적인 감정의 결합이 이루어져야 문명국가의 도덕성을 확립할 수 있을 것이다. 그렇게 되면 새로운 세대를 이상적으로 지도하는 좋은 교사와 - 자유의 가치와 남녀공학의 필요성을 인식하는 -

정열적인 운동가들을 두게 될 것이다.

6. 다양한 계급의 아이들이 함께 공부하는 학교

　남녀뿐만 아니라 다양한 계급의 아이들이 함께 공부할 수 있어야 한다. 나는 전에 가난한 아이들을 무료로 공부시켜주는 학교를 본 적이 있다. 그러나 가난한 아이들을 위한 학교가 합리적인 학교가 되는 것은 아니다. 왜냐하면 전통적인 교육형태로 가르치면 복종하기 쉬운 아이들로 자랄 것이고, 잘 속지 않도록 가르치면 저항성이 강하게 되어 본능적으로 다른 계급의 아이들에게 적대적인 감정을 품을 것이기 때문이다.

　이런 학교는 딜레마를 피할 길이 없다. 그러므로 무산계급을 위한 학교에서 중용을 취하라는 말은 성립될 수 없다. 그릇된 가르침을 받고 오류와 무지 위에서 순종하거나, 아니면 권력을 휘두르고 착취하는 자들을 적대시해야만 한다. 이것은 미묘한 문제이지만 분명히 언급될 필요가 있다. 억압에 대한 저항은 단지 균형의 문제다. 유명한 프랑스혁명 인권선언의 영원불멸한 제1조 — 모든 사람은 자유롭게 태어났으며 권리에 있어서 평등하다 — 에서 선언한 바와 같이 사람과 사람이 완전히 평등하다면 아무런 문제도 없을 것이다. 그러나 불평등하다면 어떤 사람은 억압하고, 억압받는 사람은 저항하고 증오할 것이다. 저항은 평등하게 되려는 경향이며, 악의 동반자인 법과 종교에 의해 아무리 그 가치가 손상될지라도 그것은 자연스럽고 합리적인 것이다.

나는 감히 아주 솔직하게 말하고 싶다. 피억압자와 피착취자에게는 저항권이 있다. 그들은 공동의 재산에서 정당한 자기 몫을 가질 때까지 자신의 권리를 계속 주장할 것이다. 그러나 모던 스쿨은 인간됨됨이를 갖추도록 아이들을 지도해야지, 그들에게 어른들의 의도에 맞추어 갈망과 증오, 집착과 반항을 기대해서는 안 된다. 달리 말하면 농사를 지어 소출을 얻기 전에 수확하려고 해서는 안 된다는 것이다. 아이들이 책임의 기본 조건인 양심을 갖출 때까지는 책임감을 심으려고 해서도 안 된다. 아이들에게 사람이 되라고 가르쳐야 한다. 그들이 사람이 될 때 비로소 자신이 불의에 반항한다고 자신 있게 선언할 수 있을 것이다.

말할 것도 없이 잘 사는 아이들만을 위한 학교 역시 합리적인 학교가 될 수 없다. 그 학교는 분명 특권의 유지와 이권의 확보에만 전념할 것이다. 오직 건강하고 각성한 학교만이 빈자와 부자를 공학시켜 순수한 아동기의 평등한 정신 속에서 한 계급이 다른 계급과 접촉하도록 가르친다.

좋은 결과를 확신한 나는 모든 사회 계급의 아이들을 한 교실에서 수업하게 하기로 결정했다. 그리고 그들의 부모나 후견인들의 환경을 모두 고려하여 조직을 꾸렸다. 나는 일률적으로 수업료를 받지 않을 계획이다. 경제적 형편에 따라 어떤 아이들에게는 무료로, 또 다른 아이들에게는 유료로 다양한 수업료를 부과할 것이다. 나는 1905년 5월 10일자 회보에 이 문제에 대한 글을 발표하기도 했다.

D.R.C.라는 사람이 '근대 학교교육으로부터 얻을 수 있는 사회적 이익과 그 의미'라는 주제로 지난 일요일 공화당 클럽에서 강연을 했습니다. 그 주제는 시민의 관심을 끄는 데 매우 유효한 것이었습니다. 그것은 또한 내가 매우 고심해온 문제이기도 했습니다. 나는 그가 강연에서 근대교육을 실현하기 위한 방법이나 그 모델로서 프랑스와 벨기에의 학교를 제시한 것보다는 그의 이상을 밝힌 것이 더 흥미로웠습니다.

나는 학교의 건물, 설비, 관리를 국가, 의회 혹은 자치정부에 의존하는 것은 큰 잘못이라고 생각합니다. 만일 근대교육이 새롭고 정의로운 사회의 실현을 위한 노력이라면, 그것이 자라나는 세대에게 사회 불균형이 발생하고 유지되는 원인을 가르치는 것이라면, 혹은 그것이 사람들을 종교적 허구로부터, 사회경제적 불평등에 순응해야 한다는 모든 생각으로부터 해방되는 것을 염원하는 것이라면, 우리는 기존의 특권을 유지시키고 현재 가장 지독한 악습의 원천인 사람에 대한 착취에 기여하는 법을 수호하는 국가나 공공기관에 근대교육을 맡길 수 없습니다.

공교육이 가지는 폐해를 입증할 근거는 매우 많습니다. 임금노동자들의 직장에서 상류계급의 생활방식과 하류계급의 생활방식을 관찰하거나, 정의를 실현한다는 법정에 가보거나, 교도소 죄수들에게 비행의 동기가 무엇인지를 물어보면 그 폐해를 실감할 수 있을 것입니다. 국가는 부를 소유한 사람들에게는 호의적이고 불의에 반항하는 사람들은 억압합니다. 증거가 불충분하다면, 벨기에에서 벌어지고 있는 사태를 주시하는 것도 좋을 것입니다.

강사에 따르면, 벨기에에서는 교육에 대한 정부의 배려가 깊어 사립학교가 필요 없다고 합니다. 그는 벨기에의 공립학교에서는 부유한 아이들이 가난한 아이들과 어울리며 부잣집 아이가 가난하고 천해 보이는 친구와 팔짱을 끼고 다니는 것을 볼 수 있다고 합니다.

나는 벨기에의 공립학교에서 모든 계급의 아이들이 같은 학교에 다니는 것을 인정합니다. 그러나 그들에게 행해지는 수업은 빈부의 차이는 영원하고 필연적이라는 것을 전제로 하고, 사회적 질서와 조화는 법률의 준수에 있다는 것을 기초로 하고 있습니다. 강사는 벨기에의 교육은 다른 나라의 교사들이 선망할 정도로 훌륭하다고 했습니다. 그러나 내 생각에 이런 교육은 언젠가는 저항하고 싶어 하는 사람들을 자각시키는 매개가 될 뿐입니다. 벨기에 교육의 성격에 대한 나의 인식은 그 강사와는 아주 다릅니다.

얼마 전 브뤼셀과 벨기에의 다른 도시에서는 조직화된 무장 군인들이 보통선거를 주장하는 빈자의 자녀들을 쏘아 죽였습니다. 지금 내 앞에는 '국가 교육제도의 붕괴'라는 제목이 붙은 기사를 실은 벨기에 신문 〈*L'Expres de Liege*〉이 여러 호 놓여 있습니다. 불행하게도 여기에서 일어나고 있는 사건들은 스페인의 상황과 비슷합니다. 모든 사람이 아는 것처럼, 스페인에서는 성직단체에 의해 교육이 크게 발달했지만 그것은 교육을 발전시킨 것이 아니라 무지를 체계적으로 조직화한 것에 불과합니다. 벨기에에서 과격한 성직 정부가 집권하고 있는 이유도 바로 여기에 있습니다.

프랑스의 근대 학교교육을 보면, 학교에서 사용하는 책 중에는 실로 비종교적인 교육의 목적에 이바지하는 것도 있습니다. 강사는 《속담 선집과 도덕적 사고^{Recueil de maximes et pensees morales}》라는 책을 소개하면서 '세속적 도덕을 어떻게 가르쳐야 하는가'라는 제목으로 기사를 실은 파리의 신문에서 가장 기본적인 상식에도 어긋나는 어처구니없는 생각을 끌어냅니다.

우리는 "교육에서 국가, 의회, 혹은 자치정부의 도움을 받을 수 없다면, 어떻게 해야 하는가?"라는 질문을 받을 것입니다. 우리는 국가에 호소하는 것이 아니라 개혁에 관심을 두고 있는 사람들에게 호소해야 합니다. 우선 노동자들에게, 다음은 정의롭고 의식이 깨인 특권층에게 호소해야 합니다. 많지는 않을지라도, 그런 사람들은 분명히 있습니다. 나는 개인적으로 그런 사람을 몇 사람 잘 알고 있습니다.

그 강사는 시 당국이 필요한 개혁을 허용하는 데 매우 주저하고 있다고 불평합니다. 나는 그가 당국에 기대어 시간을 허비하지 말고 노동계급에게 호소하는 편이 낫다고 확신합니다.

도움을 받을 수 있는 곳은 많습니다. 노동자들의 사회단체, 공화주의자의 결사단체, 교육센터, 노동자 도서관, 그리고 개혁을 위해 활동하고 있는 모든 단체들(이 같은 사회단체는 특히 스페인에 많은데, 스페인에서는 정부의 교육제도가 한심하기 짝이 없어 흔히 이들 단체와 연계하여 학교가 설립된다)을 방문해보세요. 그리하여 진실의 언어에 귀를 기울여보세요.

특권의 부당성을 폭로하고 개혁의 가능성을 보여주는 합리적이고 과학적인 교육에 관심을 가져보세요. 합리적이고 과학적인 교육을 통해 고통 받는 개인과 사회를 해방시키고자 노력한다면 - 고통 받는 것은 노동자들만이 아니기 때문에 - 긍정적이고, 완전하며, 신속한 결과가 보장될 것입니다. 그렇게 되면 그 강사의 여러 불만도 해소될 것입니다. 반면에 정부로부터 교육을 지원받으려 한다면 더디고, 몽매하고, 혼란스러우며 영원히 한 계급의 지배를 받게 될 것입니다.

7. 학교 위생

위생에 대해서 스페인 사람들은 가톨릭교회의 구태의연한 생각에 지배되었다. 성 알로이시우스와 성 베네딕트 라브레는 천국의 시민 명단에 오른 가장 독보적인 성자들이면서 동시에 가장 비위생적인 사람들이었다. 무지한 분위기 속에서 사람들은 이러한 유형을 완벽한 이상적 인간형이라 생각했고, 성직자들과 중산계급의 자유주의자들은 그것을 용의주도하게 그리고 악의적으로 지지하였다. 학교에 입학하는 아동은 청결하지 못하리라고 예상되었다. 불결함은 스페인에서 전통적인 것이기 때문이다.

우리는 이 문제에 대한 신중하고도 체계적인 대응을 시작하였다. 우리는 아이들에게 더러운 사람이 어떻게 혐오감을 불러일으키는지, 그리고 청결함이 다른 사람들에게 어떻게 존경심과 관심을 불러일으키는지를 가르쳤다. 사람들이 왜 깨끗한 사람을 좋아하고 더럽고 악취

나는 사람을 멀리하는지를 보여주었다. 우리는 왜 주변사람의 호감을 얻는 것을 기뻐해야 하며 그들이 역겨워하는 것을 부끄러워해야 하는가를 가르쳤다.

그 다음 우리는 청결함은 아름다움의 한 측면이고, 불결함은 추함의 일부라고 설명했다. 그 다음 우리는 보다 직접적인 위생의 영역으로 파고 들어갔다. 청결함은 건강을 지켜주는 반면에 더러움은 병원균 감염과 전염병 발생의 원천임을 지적했다. 우리는 아이들이 청결함을 좋아하는 성향을 갖게 하고 위생의 과학적 원리를 이해하도록 하는 데 성공했다.

새로운 요구는 아이들의 전통적 습관을 뒤흔들어 놓았고 수업의 영향은 그 가족에게 미쳤다. 한 아이는 발을 씻겠다고 성가시게 졸랐고, 어떤 아이는 목욕을 하겠다고 하고, 칫솔질을 하고 가루약을 뿌리겠다는 아이가 있는가 하면 새 옷과 신발이 필요하다고 했다. 일상적인 노동에 찌든 가난한 어머니들은 그들의 삶이 거쳐 온 가혹한 환경 때문에 만신창이가 되어 있는데다가 종교적인 영향 때문에 아이들의 요구를 묵살하려 하였다. 그러나 아이들에 의해 가정에 도입된 새로운 삶은 승리했다. 합리적 교육이 언젠가는 성취할 새로운 삶의 조짐이 보이기 시작했다.

나는 학문적 위생의 원리에 대한 설명을 유능한 사람들에게 맡겼고 마르티네스 바르가스 박사 Dr. Martines Vargas를 비롯한 여러 사람들이 이 주제에 관해 회보에 자세히 썼다. 또한 근대 교육의 노선에 맞는 게임과 놀이에 대해서도 썼다.

8. 교사들

또 다른 난관은 교사의 선발이었다. 일단 합리적인 교육 프로그램이 설계되었으나 그것을 진행할 수 있는 유능한 교사를 선발하는 문제가 남아있었다. 나는 사실 그런 사람들이 없다는 것을 잘 알고 있었다. 우리는 필요가 생성을 낳는다는 것을 보여주어야 했다.

분명 교사들은 많다. 가르치는 일이 돈을 많이 벌지는 못하지만, 스스로 부양할 능력이 되는 전문직업이다. 불행한 사람을 일컬을 때 쓰는 "그는 선생보다 더 배고프다"라는 속담 속에는 보편적 진리가 담겨 있지 않다.

사실 스페인에서 교사들은 성직자, 의사, 상인 그리고 고리대금업자 - 이들은 사회복지에 최소한의 기여밖에 하지 않으면서도, 가장 부유하게 산다 - 와 함께 지역의 상류층으로 살고 있다. 교사는 자치정부에서 주는 봉급을 받으며, 종종 물질적 이득을 챙길 수 있는 힘이 있다. 보다 규모가 큰 지역에서는 교사가 자신의 봉급에 만족하지 못하면, 학생들에게 대학진학을 준비시키는 지역협회가 운영하는 학원에서 강의를 할 수도 있다. 비록 교사는 저명한 지위를 누리지는 못하지만 대부분 부유하게 살고 있다.

교사들 중에는 '세속학교' - 프랑스에서는 오직 성직자만이 교육을 시킬 수 있다. 성직자가 운영하는 학교 교육에 맞서 생겨난 학교가 바로 세속학교이다 - 에서 근무하는 사람들도 있다. 스페인은 프랑스와는 달리 기독교 교육이기는 해도 평신도 교사들에게 나름의 역할이 주어졌다. 그러나 자유사상과 정치적 급진주의에 동의하는 스페인의 평신도 교사들이 있기는 하지만, 합리주의라는 말에 가장 어울리는 사람이기보다는 반가톨릭적이고 반교권적인 사람들에 더 가까웠다.

교사들은 과학적이고 합리적인 교육을 하기 위해 특별한 준비를 해야만 했다. 이것은 모든 면에서 어려운 일이며, 판에 박힌 관습에 젖어 있으면 불가능한 일이었다. 하지만 정열적인 사람들은 - 교육 경험이 전혀 없었으므로 - 자신의 생각을 실현하기 위해 더욱 헌신하고 더욱 연구했다. 그럼에도 불구하고 문제를 해결하기는 매우 어려웠다. 왜냐하면 이런 준비를 하는 곳은 우리 학교 외에는 없었기 때문이다.

그러나 모던 스쿨의 훌륭한 시스템이 우리를 구해주었다. 이상을 가지고 자발적으로 결의한 사람들로 구성된 모던 스쿨이 체계를 갖추기 시작하자 어려움은 사라지기 시작했다. 근본적인 원리에서 벗어난 교조적인 교육 대신 실제 경험을 중심으로 새롭고 유익한 교육을 시작하자 과학은 힘을 발휘했다. 이것은 내 열정만의 결과가 아니라, 초창기의 교사들과 아이들의 순수한 표현 덕분이었다. 필요가 생성을 낳는다면, 생성은 필요에 빠르게 대응한다고 우리는 분명히 말할 수 있다.

그럼에도 불구하고, 나는 목표를 더욱 잘 성취하기 위해서 경험 있는 교사의 지도와 모던 스쿨 교사들의 협조로 교사교육을 위한 합리주의자 사범학교를 세웠다. 이곳에서 많은 젊은 남녀예비교사들이 교육 받았고, 은밀하고도 강력한 적 – 전제적인 권력당국 – 에 의해 폐쇄될 때까지 일은 너무도 훌륭하게 진행되었다.

9. 학교의 개혁

아동교육을 개혁하려는 사람들에게는 두 가지의 선택이 있다. 하나는 아동을 연구하고 과학적으로 현재의 교육 프로그램의 결함을 입증하고 그것을 수정하여 학교를 개혁하는 것이다. 또 하나는 현대 사회의 저변에 파고든 인습, 사기, 그리고 거짓을 거부하는 모든 사람들이 이상을 실현하기 위해 새로운 원칙을 바탕으로 새로운 학교를 설립하는 것이다.

전자에는 많은 이점이 있다. 그것은 목적 달성에 효과적인 방안으로, 과학을 믿는 사람들의 진화적인 개념에도 일치한다. 우리는 이것이 이론적인 면에서는 충분히 옳다고 인정한다. 분명히 심리학과 생리학의 발전은 교육방법에서 중요한 변화를 가져왔다. 아동을 이해하는 데 있어서 예전보다 좋은 위치에 있는 교사들은 자연의 법칙에 맞게 가르칠 것이다. 더 나아가 나는 폭력은 무지의 방법이고 교육자다운 교육자는 아동의 자발성에 의해 모든 것을 성취할 것이라고 확신한다. 그러므로 이 같은 과학의 발전이 자유의 확대라는 방향으로 진행될 것이라고 생각한다. 그는 아동의 요구를 이해하고 가능한 큰 만족을 주어 아동의 발달을 촉진시킬 수 있을 것이다.

그러나 나는 진정한 인간성의 회복을 위해 노력하는 사람들이 사실상 이런 교육에 많은 희망을 가지고 있다고 생각하지 않는다. 통치자들은 교육을 통제하고자 늘 주의를 기울여왔다. 그들은 그들의 권력이 전적으로 학교의 교육에 토대를 두고 있다는 것을 잘 알고 학교에 대한 독점적 지배를 유지해왔다. 통치자들이 교육에 반대하고 민중교육에 제한을 두던 시대는 지났다. 그런 정책이 예전에는 가능했다. 왜냐하면 경제생활은 보편적인 무지와 일치했고 이런 무지가 독재를 조장했기 때문이다.

그러나 상황은 변했다. 과학의 발전과 발견이 노동과 생산의 조건을 크게 바꾸어 놓았다. 이제 더 이상 사람들을 무지에 얽매이게 할 수는 없다. 교육은 한 국가가 자활하고 경제 경쟁에서 상대 국가를 밀어제치고 전진하는 데 절대적으로 필요했다. 통치자들은 이 점을 잘 알고 있다. 국가가 민중의 무지를 개선하려고 하는 것은 사회를 재생하기 위해서가 아니라 산업체를 키우고 나라를 부유하게 하기 위해 보다 유능한 노동자들이 필요하기 때문이다. 그렇기 때문에 학교를 점점 더 완전한 조직체로 만들려고 하는 것이다. 현재의 가장 반동적인 통치자까지도 이런 교육을 받아왔다. 이런 교육을 받은 사람이 아무렇지도 않게 가장 반동적인 정치를 하고 있는 것이다. 그들은 옛날과 같은 교육정책으로는 국민경제가 위태롭고, 민중교육을 새로운 상황에 걸맞게 변화시킬 필요가 있다는 것을 알고 있다.

통치계급이 인민의 지적인 발달에 따른 자신의 위험을 모른다고 생각하는 것은 큰 착각이다. 그들은 새로운 사회적 여건에 방법을 맞추어 왔을 뿐이다. 그들은 사회적 훈육의 기초가 되는 신념을 유지하면서, 그 속에서 기존의 제도에 불리하지 않은 과학적 연구와 새로운 생각의 창출에 매달려야 했다. 바로 이런 이유로 그들은 직접 학교를 장악하지 않으면 안 되었다. 예전에는 성직자들이 기꺼이 당국에 복종하는 교육을 실시했기 때문에, 그들에게 민중교육을 맡겼다. 그러나 지금은 지배계급이 스스로 학교를 관리 감독한다.

새로운 삶에 대한 전망과 해방의 사상이 인간의 마음 깊숙한 곳에서 발아하는 것을 자극하는 일은 위험하다. 증대하는 세력에 대항하여 투쟁하는 것은 어리석은 짓이다. 그 결과는 민중을 격분시킬 뿐이므로, 정부는 예전의 방법에 매달리지 않고 보다 새롭고 효과적인 방법을 택할 것이다.

그런 해결책을 찾는 것은 특별한 재능이 필요 없다. 사태의 진행과정 자체가 권력층에게 위협과 어려움에 대처하는 방안을 강구하게 했다. 그들은 학교를 세워 교육의 대상을 확대하려 했고, 한때 이런 움직임에 저항했던 - 당의 이익에 따라 - 소수에게는 그들의 다른 요구를 순순히 들어주면서, 자신의 이익과 원리를 지키는 새로운 방법을 모색하는 것이 최선이라는 것을 잘 알고 있었다.

이내 학교를 장악하기 위한 치열한 싸움이 있었고, 이 싸움은 모든 문명국가에서 지금까지 계속되고 있다. 더러는 공화국의 중산계급이 승리하고, 때로는 성직자들이 승리했다. 교육은 희생 없이 승리할 수 있는 것으로 모든 정당은 그 중요성을 너무나 잘 알고 있다. '학교'는 모든 정당의 슬로건이다. 모든 사람은 교육을 통해 자립하고 그의 처지를 향상시키려 한다. 예전에는 이런 말들이 오갔을 것이다.

"지배계급은 당신을 보다 잘 착취하기 위하여 당신을 무지 속에 묶어두기를 바란다. 우리는 당신이 교육을 받고 자유롭게 되는 것을 보고 싶다."

이제 이런 말은 더 이상 통하지 않는다. 모든 종류의 학교가 도처에 들어서고 있다.

학교에 대한 지배계급의 전반적인 인식전환의 필요성을 볼 때, 그 의도와 혹자가 말하는 개혁의 성과에 대해 의심하는 것은 정당하다고 말할 수 있다. 대체로 이들 개혁가들은 교육의 사회적 의의에 관심을 갖지 않는다. 그들은 과학적 진리를 열렬히 받아들이기는 하지만, 그들의 연구 목적에 맞지 않는 것은 모두 배척한다. 그들은 과학을 통해서 아이들을 이해하려고 하고 아이들의 지적 발달을 촉진하는 최선의 방법이 무엇인지를 열심히 탐구하기는 한다.

내가 보기에 과학적 전문가로서 교육의 사회적 의의에 대한 이러한 무관심은 그들이 추구하는 목적에 불리하다. 나는 그들이 사회적 현실을 모른다고 생각하지 않는다. 그들은 자신의 노력에 의해 공공복지가 크게 증진될 것이라고 믿고 있다. 그러나 그들이 "인간의 삶에 깊숙이 파고 들어가서 그의 신체적 정신적 발달의 일반적인 과정을 밝혀야 한다"고 생각할 때만이, 교육을 에너지 발산의 좋은 통로로 활용할 수 있을 것이다.

우리는 학교 개혁이 즉각적으로 이루어지리라고 생각하지 않는다. 우리는 진실로 우리가 따라야 하는 노선이 무엇인지 정확히 말할 수 없다. 우리는 필연적으로 학교 개혁은 우리의 연구 결과에서 나올 것이라고 보므로, 천천히 추진할 것이다. 만일 혹자가 우리의 희망이 무엇인지를 묻는다면, 아동과 인간성을 과학의 지도 아래 둠으로써 개혁을 예견한다고 하겠다. 그러나 우리의 활동은 개혁을 달성하는 데 있고, 과학이 그 목적을 이루는 데 있어서 가장 빠르고 확실한 수단이라고 믿는다.

다음과 같은 추리는 분명히 논리적이다. 아무도 이것을 부인할 수 없지만, 여기에는 많은 오류가 있으며 이 점을 분명히 해야만 한다. 만일 지배계급도 개혁가들과 같은 생각을 가지고 빈곤이 사라질 때까지 사회를 재편하려는 열정으로 활동한다면, 과학의 힘이 많은 사람들의 처지를 개선시킬 수 있다고 인정할 수도 있다. 그러나 우리는 권력을 얻으려고 애쓰는 사람들의 유일한 목표가 자신의 이해관계와 이익, 그리고 개인적인 욕망을 충족시키는 것에 있다는 것을 분명히 알고 있다. 아주 진실하고 동료를 위해 열정적으로 살아가는 사람들이 있는 것도 사실이다. 그러나 이런 사람들을 점점 찾아보기 힘들게 되었고, 우리를 지배하는 자들의 진짜 의도에 대한 의문은 현실이 되고 있다.

그들은 학교를 필요한 만큼만 변화시켜 나갔을 뿐이다. 교육이 위기에 처하지 않도록 하면서 한편으로는 그들의 지배권을 위태롭지 않게 하였다. 그 한도 내에서 새로운 과학적 사상에 맞추어 성공적으로 학교를 조직했다. 이런 생각은 받아들이기 쉽지 않다. 사람에게는 성공적인 방식에 대한 예리한 비판이 필요하다. 말의 덫에 걸려들지 않는 것이 필요하다.

대부분의 진보적 인사들은 기존의 교육에 모든 것을 기대했고, 최근까지도 많은 사람들은 교육이 환상을 불러일으킬 수 있다는 사실을 이해하지 못했다. 실제로 학교에서 주입한 대부분의 지식은 무익하다. 그리고 학교 조직이 이상적 목적에 기여하기보다는 지배계급의 수중에 놀아나는 가장 강력한 도구가 돼버리자 개혁가의 희망은 물거품이 되었다. 교사는 그들의 의지에 따라 의식적으로 혹은 무의식적으로 자신의 일을 수행하는 존재에 불과했다. 그들 자신이 참혹한 세월에서 나온 원리에 따라 고분고분하게 교육받고 권위적인 학문을 수용해왔던 사람들이었다. 독재적 지배를 벗어난 사람은 거의 없었다. 그들은 복종 외에는 아무 것도 하지 못할 정도로 권위적인 학교 조직에 의해 억압받았고, 그에 대항하기에는 무기력했다. 여기서 그런 조직이 어떤 성격의 조직인지를 기술할 필요는 없을 것이다. 그 특징을 나타내는 한마디 말은 '폭력'이다.

학교는 권위적인 체제가 원하는 방향으로만 재능이 발달하도록 통제한다. 그러기 위해서 신체적 도덕적으로, 그리고 지적으로 지배하고 자연과의 접촉을 박탈한다. 이것이 바로 개혁이 실패한 것에 대한 설명이다. 기존 교육의 실제적인 의미는 지배와 복종이다. 나는 이런 교육체제에 바람직한 결과를 가져올 만한 신중한 목표가 있다고 믿을 수 없다. 무슨 거창하고 신중한 개념을 포괄하고 있는 것 같지만 실제로는 조금도 개선될 여지가 없다.

지배와 복종이라는 목적을 달성하기 위하여 교사들은 늘 사회적 관리자에 의존하고 훈육과 권위에 스스로 복무했다. 이런 교사들은 오직 한가지의 생각과 의지, 즉 아이들은 지배적인 사회적 권위를 믿고 복종해야 한다고 생각한다. 목적이 이러하므로, 그 교육의 결과는 우리가 오늘날 목격하고 있는 것 외에 다른 어떤 것이 있을 수 없다. 아동이 자발적으로 자신의 재능을 발달시키거나 자유롭게 신체적 지적 도덕적 요구를 충족시켜나가는 것은 전혀 중시되지 않는다. 문제는 오직 아이들에게 – 지금의 제도를 유지시키는 데 도움이 되는 – 기존의 생각 이외에는 다른 어떤 생각도 하지 못하도록 개인을 사회적 기제에 철저하게 적응시키는 데 있다.

이런 교육은 결코 인간성의 진보에 어떤 영향도 줄 수 없다. 그것은 개인을 발전시키려 하지 않는 지배권력의 도구에 지나지 않는다. 그러므로 현재의 학교로부터 그 어떤 것을 기대하는 것은 소용없는 짓이다. 그들은 지금까지 해 온 바를 미래에도 계속할 것이다. 그들이 다른 교육체제를 채택해야 할 아무런 이유가 없다. 그들은 자신의 목적을 위해 교육을 이용해왔으며, 그 목적을 위해서만 모든 개량정책을 펼 것이다. 그들이 학교와 학교를 지배하는 권위주의적 교육정신을 계속 보전하는 한, 모든 개혁은 그들의 이익으로 돌아갈 것이다. 우리는 이러한 사실을 알지 않으면 안 된다.

나는 독자들에게 이 점을 강조하고 싶다. 교육의 전체적인 가치는 아동의 신체적 지적 도덕적 재능을 존중하는 데 있다. 과학처럼 사실에 근거한 교육만이 이것을 가능하게 한다. 교육이 모든 교조주의를 제거하지 않는다면, 아동의 자발적인 표현을 존중하여 그 역량을 발휘할 수 있도록 하지 않는다면, 교육은 가치가 없다.

하지만 이런 교육의 의미를 바꾸기는 쉬워도, 그 의미를 유지하는 것은 어렵다. 교사는 늘 폭력을 주입하고 강요하고 사용한다. 진정한 교육자는 아이에게 그 자신의 생각과 의지를 강요하지 않으며 아이 자신의 에너지에 호소한다. 이런 측면에서 보면 우리는 교육이 얼마나 안이한지, 개인을 지배하려는 자들의 짓이 얼마나 경솔한 것인지를 이해할 수 있다. 그들이 기껏해야 생각할 수 있는 방안은 보다 새롭고 효과적인 독재의 수단을 개발하는 것에 불과하다.

우리의 이상은 과학의 이상이다. 우리는 아이들이 자신을 표출하려고 할 때, 교육의 힘을 과학에 호소하여 얻고, 그 발달을 촉진하여 요구를 만족시킨다.

우리는 미래의 교육이 완전히 자발적인 것이 되리라고 확신한다. 지금 우리가 이것을 완벽하게 실현시킬 수 없다는 것은 뻔한 사실이다. 그러나 삶을 더 풍요롭게 하는 교육방법이 점점 발달하고 모든 발전적 개선이 폭력을 배제하고 있다. 아동의 해방을 위하여 과학에 기댈 때, 우리는 보다 공고한 기반에 놓이게 된다.

그러나 지금 학교체제를 장악한 자들의 이상은 어떠한가? 그들이 이루고자 하는 목표는 어떠한가? 그들이 폭력을 포기할 수 있는가? 그들은 다음과 같은 목적, 즉 모든 법과 편견, 거짓을 순순히 받아들이는 사람들을 양성하는 목적을 달성하는 한도 내에서만 새롭고 보다 효과적인 수단을 채택한다.

우리는 지속적으로 발전하는 인간을 원한다. 그들을 둘러싸고 있는 부당한 환경을 끊임없이 파괴하고 갱신하며 스스로를 새롭게 할 수 있는 사람, 독립된 지성을 가지고 아무에게도 굴종하지 않는 사람, 새로운 사상의 승리를 갈구하는 사람, 획일적인 삶을 자신의 개성적인 삶으로 변화시키기를 바라는 사람을 원한다. 사회는 그런 사람들을 두려워한다. 그러므로 그런 사람들을 배출할 교육체제가 수립되기를 기대하기 쉽지 않다.

그러면 우리의 사명은 무엇인가? 학교 개혁을 이루기 위하여 우리가 채택해야 할 정책은 무엇인가?

우리는 전문적인 아동 연구자들의 업적을 참고하여, 우리가 세우고자 하는 교육의 원리를 적용하고자 한다. 우리는 개인의 보다 완전한 해방을 목적으로 여러 방안을 모색할 것이다. 이것을 어떻게 해낼 것인가? 우리는 미래교육의 토대가 될 이러한 자유의 정신을 최대한으로 지도할 새로운 학교를 설립함으로써 해낼 것이다.

우리는 훌륭한 성과를 가져올 수 있는 토대를 이미 확보했다. 우리는 폭력, 아동들을 자연과 삶에서 떼어놓는 모든 인위적인 장치들, 기성의 사고들을 주입하는 데 이용되어 온 지적 도덕적 교육, 의지를 타락시키고 약화시키는 신조 등 현재 학교에서 찾아볼 수 있는 그 모든 것을 제거할 수 있을 것이다. 우리는 단기적인 손해를 두려워하지 않고 아이들을 적절하고 자연적인 환경에 두어, 거기에서 사랑하는 모든 것들과 접함으로써 자신을 발견하고, 생동감 넘치는 실물을 접함으로써 지루한 책읽기를 대체할 것이다. 이렇게 하면, 아이들을 해방시키는 데 훨씬 진전이 있을 것이다.

우리는 그러한 환경에서 과학의 자료와 유익한 업적을 자유롭게 이용할 것이다. 아마 모든 희망을 이룰 수는 없을 것이다. 종종 우리는 지식 부족으로 잘못된 방법을 이용할 수도 있을 것이다. 그러나 우리는 목적을 완전히 달성하지는 못해도, 현재 학교가 해내고 있는 것보다 훨씬 많은 것을 이루어낼 것이라고 확신한다. 나는 배운 자들의 입에 발린 지식과 지적인 기형보다는 아무 것도 모르는 아이의 자유로운 자발성을 신뢰한다.

우리가 바르셀로나에서 시행했던 것을 지금은 여러 곳에서 하고 있다. 우리는 모두 이 일이 가능하다는 것을 알았고 금세 전념할 수 있었다. 우리가 알고 있는 것은 적용하고 모르는 것은 배우면서 적용하였다. 이미 합리적 교육계획은 수립되어 있고 아이들은 그들의 열망에 따라 자유로이 발달할 것이다. 우리가 해야 할 일은 단지 조금씩 개선하고 확대하는 것 뿐이다.

이것이 우리의 목표다. 나는 우리가 직면해야 할 어려움을 잘 알고 있다. 그러나 우리는 현재 불의의 사회제도를 연장하려는 교조와 관례로부터 사람들을 구하기 위하여 노력할 것이고, 여러 분야에서 일하는 사람들이 우리의 일을 도울 것이라고 확신한다.

10. 상벌의 폐지

합리적 교육은 무엇보다도 오류와 무지에 맞서는 수단이다. 불행하게도 진리를 무시하고 부조리를 인정하는 것이 우리 사회체제의 특징이다. 이것 때문에 계급의 차별과 이해관계의 지속적인 대립이 발생한다. 우리가 남학생과 여학생, 부유한 학생과 가난한 학생의 공학을 인정하고 실천할 때 – 단합과 평등의 원리에서 출발할 때 – 새로운 불평등이 생기지 않도록 할 수 있다.

모던 스쿨에서는 이런 취지로 상벌을 없앴다. 어떤 아이들에게는 '우수'하다고 칭찬하여 자만심을 갖게 하고, 다른 아이들에게는 '양호'하다는 평범한 평가를 하여 학생이 무능력한 실패자라는 의식을 갖도록 하는 시험도 없앴다.

현재의 정규 가톨릭학교의 이런 특징은 그들의 반동적인 환경과 목적에 아주 일치한다. 그러나 우리는 특정한 목적을 위하여 교육하지 않기 때문에, 아이의 유능 혹은 무능을 결정할 수 없다. 우리가 특별한 조건을 요하는 과학, 예술, 상업 등의 과목을 가르칠 때는 시험이 유용하고, 그 결과에 따라 졸업장을 주거나 주지 않는 것이 필요하다는 말은 일리가 있을 수도 있다. 그러나 모던 스쿨에서는 그런 특별주의 - 특별한 보호나 애정, 칭찬, 무관심, 미움, 처벌 등의 불평등한 차별과 그것을 가능하게 하는 규정 및 조건 - 가 전혀 없다. 우리 학교는 아이들의 재능이 독단적인 후원자, 심지어 설립자나 교사들의 신념체계에도 절대 구속받지 않고 발달할 수 있다는 점에서 진보적인 모범으로 인정받는 몇몇 학교와도 구별된다. 모든 아이들은 교육을 받으며 스스로 자신을 통제하고 모든 점에서 스스로 삶을 꾸려갈 수 있는 자립적인 능력을 획득하여 사회로 진출할 수 있을 것이다.

우리가 합리적으로 상을 주는 것을 삼가야 한다면 벌을 주는 것도 삼가야 한다. 우리는 상벌에 대한 생각을 아예 잊어버려서 가끔 외부 사람들이 말할 때만 그런 것이 있었다는 것을 상기할 정도였다. 종종 부모들은 "공부는 피나는 노력에서 이루는 것이다"라는 지독한 격언을 언급하면서 나에게 와서 자녀들을 벌하여 줄 것을 부탁했다.

자녀들의 재능에 매료된 어떤 학부모는 자녀가 시험에서 두각을 나타내고 많은 상을 받게 되면 그것을 남에게 과시하고 싶어 했다. 우리는 상도 벌도 인정하지 않으므로 그런 부모들을 돌려보냈다. 만일 어떤 아이가 우수한 성적, 근면, 나태 혹은 비행으로 우리의 관심을 끈다면, 우리는 그것이 행복하고 싶은 욕구에 기인한 것이거나 혹은 그 행복을 이루지 못하여 불행해 하는 것으로 보고 가르칠 것이다. 비록 종종 자녀들이 오히려 부모의 오류와 편견을 바로 잡아야했지만, 부모들은 우리의 교육체제를 점차 인정했다.

그럼에도 불구하고, 해묵은 편견이 늘 되살아나, 나는 신입생의 부모들에게 내 주장을 반복해서 말해야만 했다. 나는 회보에 이렇게 글을 썼다.

이제까지 학생들은 관례적으로 시험을 학년말에 치렀고, 학부모들은 그 시험의 효과를 매우 중시했지만, 사실은 쓸모없는 것입니다. 시험의 기능과 시험에 수반되는 의식은 오직 부모들의 허영심과 많은 교사들의 이기적인 이해관계를 만족시킬 목적으로, 그리고 아동들을 정신적으로 고문하고 그 후로도 마음을 아프게 하기 위해서 마련된 것입니다. 부모들은 자녀가 일류대학의 신동으로 선두에 나서기를 바라며, 자녀를 기존 지식인의 축소판으로 만들려고 합니다. 그러나 부모들은 - 바람대로 되었다 하더라도 - 그 기쁨이 잠시 동안의 것임을 몰랐고, 그 때문에 자녀는 강한 정신적 고문에 시달렸습니다. 부모들은 피하주사 때문에 생긴 아주 작은 상처를 보지 못하듯이, 사물을 겉모습으로만 판단하기 때문에 자녀들이 강한 고문을 받고 있다고 생각하지 않습니다.

부모들은 자녀의 자연적 성향에 대한 인식이 부족한 나머지 아이를 잘못된 상태로 몰아갑니다. 의미 없는 지식을 암기시킴으로써 기억의 영역만을 인위적으로 자극합니다. 많은 경우에서 보듯, 부모들은 자신의 만족 때문에 - 비록 육체적인 것은 아닐지라도 - 자녀에게 아픔을 주고 도덕적인 파탄으로 이끈다는 것을 전혀 모르고 있습니다.

반면에, 대부분의 교사들은 제자들의 도덕적 아버지이기보다는 단지 이미 만들어진 어법을 판에 박히게 되풀이시키는 사람들이고 기계적인 주입자로서 시험의 결과로서 자신의 이해관계에만 관심을 기울입니다. 교사의 목적은 여러 사람이 보는 앞에서 부모들과 여타 사람들에게 자신의 지도 아래 아이가 많은 것을 배웠고 – 특히 자신의 뛰어난 관리 아래, 그 짧은 기간에 대비하여 볼 때 – 가르친 지식이 양과 질적인 측면에서 아이의 능력을 훨씬 뛰어넘는 것으로 알게 하는 데 있습니다.

교사들은 아이의 도덕적 신체적 삶을 희생시켜 만족을 누리는 졸렬한 악행 외에 그들 특정 학교의 명망을 선전하기 위하여 사태의 본질을 전혀 모르는 학부모들로부터 찬사와 일반인들의 믿음을 끌어내려고 안달을 합니다.

간단히 말해서, 우리는 공적인 시험을 치르는 것을 단호히 반대합니다. 학교에서는 모든 것이 아이들의 이익을 위해서 복무해야 합니다. 이런 목적에 도움이 되지 않는 모든 것은 교육 본연의 정신에 반대되는 것으로 간주해야 합니다. 시험은 조금도 좋지 않으며, 아이에게 많은 해악을 끼칩니다. 아이의 신경계가 고통 받고, 시험의 부도덕한 특성으로 말미암아 병폐는 아이의 의식에 발생하는 일종의 정신적 마비에만 있지 않습니다. 실패한 자들에게는 질투와 굴욕감으로 인해 건전한 성장에 중대한 장애를 일으키고, 좋은 성적을 차지한 학생에게는 이기심을 낳습니다.

심지어 우리는 노동자 교육단체와 사회단체들로부터 아이에게 벌을 주도록 요구하는 편지를 받았다. 이것이 기본적으로 요구하고 있는 모습은 혐오스러운 것이다. 무릎을 꿇리거나, 매를 때리는 것이다.

이런 불합리한 인습적 행위들은 사라져야 한다. 우리 교육은 완전히 그런 행위들을 불신한다. 모던 스쿨에 재직하는 교사들 혹은 이와 비슷한 학교에 근무를 추천해달라고 요청하는 교사들은 규칙을 어겼다는 이유로 행하는 그 어떤 형태의 도덕적 혹은 신체적 처벌도 영원히 삼가야 한다. 비난, 초조, 그리고 분노는 선생님을 "마스터"라고 부르던 옛날 호칭과 함께 사라져야 한다. 자유로운 학교에서는 평화, 환희 그리고 우애가 전부여야 한다. 우리는 우애롭고, 조화로우며, 올바른 사회를 건설하는 데 있어서 교육을 유일한 이상으로 삼는다. 나는 이런 사람들이 상벌 같은 매우 부당한 행위들을 종식시킬 적격자라고 믿는다.

11. 교재

 우리가 자유로운 인간 공동체에 들어갈 준비를 시키는 합리적 학교의 설립을 착수하는 데 처음 직면한 문제는 교재의 선정이었다. 구체제의 교과서는 과학과 신앙, 합리와 불합리, 선과 악, 경험과 계시, 진리와 오류가 마구 뒤섞인 혼합물이었다. 한마디로 말해서 새로운 학교의 새로운 요구를 만족시키기에는 완전히 부적합했다. 까마득한 옛날부터 학교는 열린 의미에서 이전 세대의 지식을 가르치지 않았다. 교과서는 지배계급의 권위와 이익을 위해, 아이들을 고분고분하고 순종적으로 만들기 위해 가르치려고 마련되었다. 그러므로 이제까지 사용된 교과서는 명백히 우리에게 전혀 맞지 않는 것이었다.

 그러나 이런 엄격한 나의 논리도 단번에 사람들에게 확신을 심어주지는 못했다. 나는 국가와 종교의 분리를 위해 적극적으로 노력했고 성직자의 분노를 사면서까지 의무교육을 채택했던 프랑스 민주주의가 결함이 많고 왜곡된 교육을 일삼고 있다고 말했다.

나는 나의 사상에 맞는 증거들을 찾아냈다. 나는 먼저 프랑스 세속 교육법전에 있는 많은 저술을 읽고서, 신이 국가로, 기독교 덕목이 시민의 의무로, 신앙심이 애국심으로, 왕, 귀족, 성직자에 대한 복종이 관료, 유산자, 고용주에 대한 복종으로 대체되었음을 발견했다. 나는 교육부 고위직에 있는 한 저명한 자유사상가와 상의하여, 당시 교육부가 사용하고 있는 책 중에서 전통적인 오류가 수정된 책을 보고 싶다고 말했다. 그리고 그에게 나의 의도와 이상을 설명했다. 그는 솔직히 그런 책은 없고, 지금 사용하고 있는 책은 온통 사회적인 불평등을 다지는 데 필요한 것으로 교활하고도 악의적인 거짓이 가득차 있다고 말했다. 또한 그들이 썩어빠진 신의 숭배를 전제군주의 숭배로 대체한 것을 알고 있는 나는 종교의 기원을 다룬 책이 있는지를 물었다. 그는 전혀 없다고 말했다. 그는 나의 뜻에 맞는 한 권의 책, 말베르^{Malvert}의 《과학과 종교》를 권했다. 사실 이미 스페인어로 번역 출간되어 있는 이 책은 모던 스쿨에서 '기독교의 기원'이라는 제목으로 바꾸어 독서 교재로 사용하고 있었다.

나는 스페인 문헌을 뒤지다가 과학계에서 꽤 유명한 저자가 아이들을 교육할 목적이 아니라 출판업자의 이익을 위해 저술했던 몇 권의 책을 발견했다. 모던 스쿨에서 사용했던 이런 책들은 비록 잘못되었다고 비난할 수는 없지만, 이상을 심어주기에는 부족하고 그 방법이 형편없었다. 나는 저자에게 나의 교육 계획을 말하고서, 관심을 갖고 나를 위해 책을 써달라고 요청했다. 하지만 그는 출판업자와의 계약 때문에 나에게 아무 것도 해줄 수 없었다.

간단히 말하면 모던 스쿨은 도서관에 비치할 책을 선정하기 전에 문을 열었던 것이다. 하지만 얼마 지나지 않아 장 그라브^{Jean Grave}(그의 작품《사회의 몰락과 아나키》는 프랑스, 이탈리아, 스페인, 포르투갈에 많은 영향을 미쳤다. 그는 이 작품에서 인간은 자연적인 권리를 누리고 살아야 하며 모든 사회체제에서 정부의 권위가 없어져야 한다고 주장했다.)의 훌륭한 책이 나왔다. 이 책은 우리 학교에 상당한 영향을 미쳤다. 그의 저술《논노의 모험》은 보다 행복한 미래는 현 사회체제의 더러운 현실과는 극적인 대조를 이룬다는 내용을 담은 시였다. 자율적인 땅의 기쁨은 타율적인 왕국의 공포와는 대조를 이룬다. 그라브의 천재성은 회의적이고 보수적인 사회구조에서 벗어나기를 촉구했다. 그는 현 사회의 악을 진실하고도 과장없이 그렸다. 이 책을 읽는 아이의 마음을 사로잡았고, 그의 심오한 사상은 교사들에게 많은 비평거리를 제공했다. 아이들이 이 책의 여러 장면을 연극으로 표현했고, 학부모들은 타율적인 왕국 헌법에서 그들이 겪는 고난의 원인을 알게 되었다.

우리는 회보와 신문을 통해 가장 뛰어난 합리적 교육교재를 개발한 저자에게는 상을 주겠다고 발표했지만 아무도 나서는 이가 없었다. 나는 그 원인을 상세히 밝히지 않고 사실적인 기록에만 한정하겠다. 이후 두 권의 책이 학교의 독서 교재로 채택되었다. 그 책들은 본래 학교를 위해 쓴 것은 아니었지만 모던 스쿨을 위해 매우 유용하게 쓰였다. 한 권은《비망록》이라는 책이고 다른 한 권은《식민지화와 애국심》이라는 책이다. 이 두 권은 애국심, 전쟁의 공포, 정복의 사악함 등에 대한 여러 나라 작가들의 글을 모은 것이다. 회보에 실린 아이들의 짧은 글에서 볼 수 있듯이, 이 책들은 아이들의 마음에 끼친 탁월한 영향력으로 보아 정당했다. 하지만 반동적인 신문과 정치인들은 격노하면서 이 책들을 비난했다.

여러 기사와 논설위원들의 논설은 비종교적 교육과 합리주의 교육 간에는 큰 차이가 없고 양자는 같은 것이라고 여겼다.

교육에는 어떤 인위적인 규정도 하지 말아야 한다. 그것은 단지 자라나는 세대를 준비시키고, 지식의 유산을 향유할 수 있게 하고, 성장하는 세대의 힘을 충분히 발달시킬 필요에 상응하는 의무에 불과하다. 합리적인 이상은 사람들이 편견과 미신으로부터 완전히 해방될 미래의 어떤 시대에 충분히 실현될 것이다.

우리는 이런 이상을 실현하기 위해 종교적인 교육과 정치적인 교육에 맞섰다. 즉 우리는 그것들을 합리적이고 과학적인 교육으로 대체시켜야 한다. 종교적인 교육은 모든 나라의 성직자와 수도원 학교에서 행해지고 있다. 그것은 가능한한 지식을 최소한으로 줄이고, 대부분 기독교교리와 성서를 가르친다. 정치적인 교육은 얼마 전 제국(프랑스 파리코뮌과 제3공화국에 앞선 나폴레옹 3세 치하의 제2제정을 말한다.) 몰락 후 프랑스에서 마련된 것으로, 애국심을 고양하고 공공복리의 도구인 행정을 유리하게 하는 데 목적이 있다.

종종 여론을 호도하기 위하여 악의적으로 '무상' 혹은 '비종교적'이라는 수사를 부여한다. 예컨대 기독교 정통파 사람들은 근대교육의 실질적인 무상의 추세에 맞지 않게, 그들이 세운 학교를 무상학교라고 부른다. 그리고 많은 사람들이 정치적 애국적 반인도주의적인 학교를 비종교적인 학교라고 부른다.

합리적 교육은 이런 천박한 형태를 넘어서는 것이다. 우선 그것은 종교교육을 전혀 고려하지 않는다. 왜냐하면 과학에서는 창조의 이야기가 신화이고 신의 전설이라고 보기 때문이다. 종교교육은 무엇이든 쉽게 믿어버리는 부모와 아이의 무지를 이용하여 사람들에게 초자연적인 존재에 대한 믿음을 갖게 한다. 이런 고대의 믿음이 불행하게도 아직도 널리 퍼져 많은 해악을 낳고 있다. 종교교육이 존속하는 한 불행은 계속될 것이다. 교육의 사명은 아이들에게 순수한 과학적 방법을 통해 자연적인 산물인 그들의 본성과 자신을 이용하는 방법에 대한 지식을 많이 알게 하고, 그럼으로써 삶의 향유와 편리를 위한 산업적 과학적 예술적 산물을 더 많이 얻을 수 있음을 보여주는 것이다. 우리는 이러한 교육을 통해 이성과 과학과 예술의 영감으로 삶을 장식하고 사회를 개혁할 모든 분야의 지식과 행동을 계발하기 위하여 우리 학교 출신 사람들을 보다 많이 배출할 것이다. 우리는 스스로 노력하면 얻을 수 있는 것을 환상적인 신에게 기도하여 얻으려고 시간을 허비하지 않을 것이다.

우리의 교육은 정치와도 아무런 관계가 없다. 정치에서는 개인의 재능을 다른 사람들에게 맡기지만 우리는 자신의 재능을 스스로 완전히 장악하는 사람들을 양성한다. 신성한 힘을 지닌 종교는 억압적인 권력을 만들어 인간성의 발달을 지체시킨다. 정치 역시 전통 혹은 정치적 독점권력을 행사하는 '우월적 존재들'의 의지에 따라야 한다고 부추기며 개인의 발달을 지체시킨다.

합리적 학교의 목적은 사람들이 다른 사람에게 의존하는 한 전제와 노예상태에 머무르게 된다는 것을 아이들에게 보여주는 것이다. 또한 아이들에게 널리 퍼져 있는 무지의 원인을 규명하고, 삶을 현 사회체제에 맡겨버리는 모든 전통적 관행의 기원을 배우며, 이를 경계하도록 지도하는 것이다. 따라서 우리는 스스로 구해야 할 것을 다른 사람들로부터 구하려고 시간을 허비하지는 않을 것이다.

한마디로 우리의 임무는 사회 여건이 그들의 지식과 그들이 키울 수 있는 힘에 비례하여 좋아질 것이라는 생각을 아이들의 마음에 새기는 데 있다. 지금까지 큰 해악을 초래하던 모든 종교적 미신을 아이들이 버렸을 때 모두가 행복한 시대가 열릴 것이다. 여기서는 아이들에게 능력과 지식을 자각한 존재로서의 개별적이고 집합적인 힘 대신 부적을 믿게 하려는 종교적 정치적 학교를 모방한 상패나 휘장이 없다.

우리는 아이들에게 합리적이고 과학적인 지식을 가르쳐 특권을 누리는 존재 – 허구적 존재이든 사실적 존재이든 – 로부터는 아무 것도 기대해서는 안 된다고 확신하게 해야 한다. 그렇게 하면 그들은 스스로 자유롭게 조직하고 수용하게 되므로 사회체제로부터 용의주도하게 변화를 이끌어내게 될 것이다.

나는 회보와 지역신문에 인간의 진보를 열망하며 과학의 원리에 충실한 저술가들에게 이런 노선에 맞는 교재를 제공해달라고 호소했다. 나는 그 저술가들이 "조상들의 모든 오류로부터 아이의 마음을 구하고, 진리와 아름다움을 사랑하도록 격려하며, 현재 사회생활을 타락시키는 권위주의적인 교조, 케케묵은 궤변, 우습기 짝이 없는 관례들로부터 아이들을 보호하자"고 말했다. 나는 수학의 가르침에 관한 특별한 비망록도 덧붙였다.

여태까지 널리 가르친 수학의 교육방식은 현재 사회를 매우 무겁게 누르는 자본주의체제의 그릇된 이상을 아이들에게 심어주는 강력한 도구였다. 그러므로 모던 스쿨에서는 수학교육 개혁에 관한 글과 함께 - 이제까지 수학은 임금, 경제, 이윤의 문제와 아무런 관련이 없이 교육되어 왔다 - 실제적인 문제를 실은 수학에 특별히 관심이 있는 친구들에게 합리적이고 과학적인 수업을 해주기를 요청했다. 수학의 연습문제는 농업과 공업의 생산, 상품의 수송, 인간의 노동과 기계의 비교, 기계의 수익, 공공사업 등을 다룬 것이었다. 한마디로 모던 스쿨에서는 수학이 진정 지향해야 하는 것, 사회경제의 과학 - '공정한 분배'라는 어원상의 의미에서 - 을 보여주는 많은 문제들을 다룰 계획이다.

연습문제는 사칙연산과 측도, 비례, 복소수, 제곱과 세제곱 그리고 제곱근과 세제곱근 구하기를 다룰 것이다. 우리는 이런 호소에 공감하는 사람들은 이윤의 욕구보다는 아이의 올바른 교육적 이상에 고무되어 진부한 실천을 거부할 것이다. 그러므로 어떤 상도 수여하지 않을 것이다.

우리는 합리적인 아동교육을 통해 아이들이 클레망스 자키네[Clémence Jacquinet]의 《세계사 개론》과 장 그라브의 《논노의 모험》의 가르침에 맞는 삶

을 살아가도록 준비할 것입니다. 여러분들의 많은 관심을 촉구합니다.(페레
와 협력한 유명한 지리학자인 오돈 드 부엔과 같은 저술가 외에는 페레의 이상을 구
현할 수 있는 다른 저술가는 없었다. 그러나 페레처럼 이 두 저술가는 모두 폭력에
반대했다. 페레의 평전을 쓴 아처는 페레의 생애 중 이집트 당국이 페레에 대한 재판
에서 그의 박해자들이 제기한 자키네 부인에 대한 기소를 공식적으로 기각했다고 기
록하였다.)

　모던 스쿨이 출판했거나 출판하기로 했던 저술들은 지적 터부에 분
개한 학부모들을 위한 것이었다. 지적 터부는 모든 무상의 합리적인
교육기관, 사회연구단체 그리고 종교적 정치적 사회적인 교조주의적
가르침으로 무지를 이용하여 특권을 유지하기 위한 것이었다. 예수회
의 교리와 관례적인 거짓말, 전통과 인습에 의해 전승되어 온 오류에
반대하는 사람들은 우리의 출판물에서 구체적인 증거에 바탕을 둔 진
리를 발견하게 될 것이다. 우리는 이윤에 대한 욕심이 전혀 없다. 책의
가격은 거의 제작비 정도만을 반영하였다. 만일 판매 이익금이 조금이
라도 있다면 훗날 출판 비용으로 쓸 것이다.
　유명한 지리학자인 엘리제 레클뤼 ^{Élisée Reclus}(베를린의 카를 리터에게
서 수학한 그는 프랑스 2월혁명 당시에는 공화주의자였으나 바쿠닌을 만나면서
아나키즘 이론가가 되었다. 그의 저작이 프랑스 지리학회에서 금상을 받기도 했
지만 정치적 신념 때문에 국외로 추방되었다. 그는 벨기에 서북부의 도시 브루제
에서 죽었다.)는 내 부탁으로 회보에 지리학 교육에 대한 장문의 글을
써주었다. 그는 교과서를 추천해달라는 내 요청에 답하여 브뤼셀에 있

는 지리연구소에서 보내온 편지에서 "초등학교에서 지리를 가르칠 만한 교과서는 없고, 제가 알기로는 종교적이거나 정치적인 독소, 나아가 행정적인 관행에 물들지 않은 책은 없다"고 했다. 그는 자신이 진심으로 좋아하는 모던 스쿨에서는 교사들이 교과서를 사용해서는 안 된다고 충고했다.

아이들에게 지식이 무용지물이라는 것을 주입시키려한 옛날의 교육에서는 초등학생들이 고된 현실 속에서도 고분고분 살아가면서 상상 속의 내세에서 위안을 얻게 하는 각종 이야기들, 일화들, 여행기, 고전문학 등으로 가득 찬 책을 읽게 했다. 여기에는 건실하고 유용한 것도 있지만 오류가 마구 뒤섞여 있고 그 목적 또한 부당했다. 불가사의한 관념이 지배했고, 성직자가 초월적 존재와 인간 사이의 매개자로 설정되었다. 성직은 특권을 누리는 자들의 주된 토대였고, 무산자들이 감내한 많은 악의 원천이었다.

이런 종교적인 책들은 모두 같은 악의적 요소를 모두 가지고 있다. 우리는 스페인 특유의 정열로 성경을 찬양했던 기억을 가지고 있다. 그 논리는 알렉산드리아 도서관을 방화했던 오마르^{Omar}(이슬람의 바울로 불리는 오마르 1세는 재위 중 메소포타미아, 이집트 등을 정복하여 종래의 중앙 지배층과 군대를 몰아내고 도시와 농촌 사람들에게 자치를 허용하는 한편, 그들로부터 세금을 거둬들이는 것을 원칙으로 하였다.)의 야만적인 언어와 같은 것이다. "모든 진실은 코란에 있다. 그밖에도 진실한 책이 있다면 그것은 쓸모없이 남아도는 것이요, 진실한 책이 아니라면 마땅히 불태워져야 한다."

아이들은 자유로우면서도 책임감이 있는 사람이 되어야 한다. 이런 방향으로 자신을 완전히 개발할 수 있도록 배려하는 – 이것은 삶의 목적이기도 하다 – 모던 스쿨에서는, 교수법에 맞는 매우 색다른 책읽기를 해야만 했다. 우리 학교에서는 확립된 진리를 가르치고 그 광명과 암흑간의 투쟁에 관심을 기울였다. 우리는 실증적인 사실을 바탕으로 아이들의 마음을 계발할 비판적인 책을 펴낼 필요가 있다고 생각했다. 비록 아동기에는 읽어도 이런 점들을 잘 이해하지 못할 수 있다. 그러나 훗날 사회생활을 하는 성인이 되어, 신비주의에 휩싸여 감추어진 오류나 관례, 위선 그리고 파렴치한 행위들에 대항하여 싸울 때가 되면 이해할 수 있을 것이다. 이런 책들은 단지 아이들만을 위한 것이 아니라, 우리나라의 문맹을 구제하고 진보의 큰 장애물을 제거하려는 노동자, 자유사상가, 조합원, 학생, 진보단체들이 도처에 설립하고 있는 성인 학교를 위해서도 만들어져야 했다.

'기독교의 기원'이라는 제목으로 나온 말베르의 저서 《과학과 종교》는 이런 목적에 도움이 될 것이다. 이 책은 기독교의 본질적인 형태로서의 신화, 교리, 의식을 보여준다. 그는 교리를 전수받은 사람들이 알고 있는 진리에 숨겨진 종교적 상징들을 보여주고, 전승되어 오면서 초창기의 신앙이 어떻게 악의적으로 변질되었는지, 사람들에게 어떻게 강요되었는지를 보여준다. 우리는 이 책의 내용을 확신하고 그것이 유용하다는 광범위한 증거를 갖고 있다. 따라서 우리가 기대하는 결실을 볼 것이라는 희망으로 여러 사람들에게 이 책을 보급했다. 우리는 아이들에게 적합하지 않는 구절은 삭제해야 했다. 성인들에게는 이 책이 삭제된 것을 알리고 원본에 있는 구절을 참고할 수 있도록 했다.

12. 일요 강연

모던 스쿨은 아이들을 교육하는 데만 머물지 않았다. 우리는 학교의 특징과 목적을 살려 민중교육에 착수했다. 우리는 몇 주간에 걸쳐 일요 강연을 마련하여 아이들과 그들의 가족, 그리고 배우기를 갈망하는 많은 노동자들을 참석하게 했다.

초기 강연은 강의 주제에 대해 아주 박식하고 유능한 강사들을 채용했지만, 전체적인 강연의 연속성을 깊이 고려하지 않아 다소 미숙했다. 때로는 강사가 없어서 독서로 대신하기도 했다. 이 지역의 자유신문에 실린 우리의 광고를 보고 참석한 일반인들은 열심히 강의를 들었다.

나는 결과를 지켜보면서 일반인의 이런 의욕을 충족시켜주기 위하여 모던 스쿨 내에 민중대학을 설립하는 문제를 두고, 바르가스 박사 Dr. Andres Martinez Vargas 와 바르셀로나 대학교수인 오돈 드 부엔 박사 Dr.

Odon de Buen와 협의했다. 대학에서 과학은 소수 특권자들에게만 주어지 거나 심지어는 매매되고 있었다. 과학은 한 계급이 독점해서는 안 된 다. 모든 시대, 모든 나라의 관찰자들과 노동자들이 과학을 생산할 뿐 만 아니라 모든 인간에게는 알 권리가 있다는 점에서 그렇다. 과학은 일반인에게 무료로 제공되어야만 했다.

그후부터 강연은 연속적이고 정규적으로 진행되었다. 우리는 두 강 사의 각기 다른 분야를 고려하여 프로그램을 짰다. 금지조치를 당할 때까지 매주 일요일에 마르티네스 바르가스 박사는 생리학과 위생을, 오돈 드 부엔 박사는 지리학과 자연과학을 강의했다. 모던 스쿨 아이 들과 다른 아이들 그리고 어른이 뒤섞인 수많은 청중들이 강연을 열 렬히 환영했다. 이 활동을 소개한 바르셀로나의 한 자유언론은 이 행 사를 '과학적 미사의식'이라고 보도하기도 했다.

민중의 무지 위에 특권을 유지한 채 영원히 광명을 적대시하는 사 람들은 이런 빛의 중심지를 보고 당혹해했다. 그들은 당국에 지체하지 말고 무자비하게 그 빛을 꺼버리도록 압력을 가하였다. 나는 그 일을 내가 가장 확고하다고 생각하는 기초 위에 두기로 결심했다.

나는 우리가 일주일에 한 번씩 즐겁게 문화봉사단체에 헌신했던 시 간을 떠올린다. 나는 돈 에르네스토 벤드렐Don Ernesto Vendrell이 알렉산드 리아의 광신적인 주교 키릴루스의 희생자였던 히파티아(알렉산드리아 출신의 신플라톤학파의 대표 주자. 수학자이며 천문학자인 테온의 딸이다. 이교 의 선포자라 하여 그리스도교도에게 참살당하였다. 프톨레마이오스의 주교가 된 키레네의 시네시오스는 그녀의 가장 저명한 제자이다.)를 과학과 미의 이상을 위한 순교자로 추모했던 1901년 12월 5일에 본격적인 강연을 개시했다. 내가 말했듯이 1902년 10월 5일, 그 강연을 과학의 정규과정 속에 포함시킬 때까지 매주 계속했다.

그날 바르셀로나대학교 의학부 교수인 바르가스 박사가 첫 강의를 했다. 그는 학교위생을 주제로 청중들의 눈높이에 맞춰 쉬운 말로 강연을 했다. 과학부 교수인 부엔 박사는 자연사 연구의 중요성에 대해 강의했다.

신문은 대체로 모던 스쿨에 호의적이었다. 3학년의 프로그램이 나왔을 때 지역신문인 〈노티시에로 유니버설〉과 〈디아리오 드 바르셀로나〉 등의 보수언론이 어떻게 진보적인 주제를 다루는지는 기록할 만한 가치가 있다.

우리는 '교조적인 체제'와는 아무런 관계가 없다고 공언하는 교육센터의 편람을 보았다. 교육센터는 모든 사람들을 '권위주의적인 교조, 케케묵은 궤변, 우스운 관례'로부터 해방시킬 것을 주장했다. 우리들이 보기에 이 학교는 우선적으로 아이들에게 ─ 이 학교는 남녀공학이다 ─ 신이 없다고 가르치는 것이 어린이를 착하게 자라게 한다고 보고 있다. 특히 아내와 어머니가 될 어린 소녀들을 훌륭하게 키울 수 있는 방식으로 보고 있다.

기자는 계속 비꼬는 투로 이렇게 글을 맺었다.

이 학교는 자연과학의 교수(오돈 드 부엔)와 의학부의 또다른 교수의 지지를 받고 있다. 의학부의 교수는 그런 활동에 지지를 보내는 사람들 중에 포함시키기에는 문제가 있을 것이기 때문에, 그의 이름을 말하지 않겠다.

이런 악의에 찬 종교계의 공격은 당시 바르셀로나의 반가톨릭계 신문의 반박을 받았다.

13. 학습의 결과

　나는 개교 2주년이 되었을 때 교육프로그램을 다시 만들었다. 나는 그 초기 프로그램을 자신 있게 내세워 말할 수 있다. 처음부터 우리 활동의 지침이 되어 모던 스쿨을 지배한 원리는 이론과 실천에 의해 입증되어 결국 정당한 것으로 평가되었다.

　과학은 우리 생활의 유일한 기준이다. 모던 스쿨은 과학적인 사상에 의지하여 어린이들에게 정신적 생명력을 부여했다. 이런 교육을 받은 학생들은 사회적으로는 졸업한 후에도 계속 모든 편견에 맞서 죽음을 불사하는 전사가 되고, 개인적으로는 모든 문제에 대하여 진지하게 고민하여 자신의 사상을 형성할 것이다.

　교육은 지적인 훈련만 시키는 것이 아니라 정서와 의지를 포함해야 한다. 우리는 아이들의 교육에서 지적인 능력이 정서와 의지의 활력으로 전환될 수 있도록 세심한 배려를 할 것이다. 정서와 의지가 강화되면 인격에 널리 스며들어 개인의 성격에 색조를 부여하고 아이를 고상하게 만들 것이다. 젊은이의 행위는 성격을 축으로 행해지게 마련인데, 그렇게 되지 않기 위해서는 과학을 행동의 유일한 준거로 삼도록 배워야 한다. 과학이 아니면 무엇으로 준거를 삼겠는가.

우리는 남녀공학을 열렬하게 지지한다. 우리의 원리에 따라 남녀의 아이들이 동일한 교육을 받아야 여성이 실질적인 남성의 동반자로서 사회의 재생을 위하여 함께 일할 수 있기 때문이다. 이제까지 사회 재생의 임무는 남성에게만 주어졌다. 이제 여성의 도덕적 영향력이 이 일에 작용할 것이다. 과학은 풍부한 여성의 정서에 있는 광맥을 발견하게 해줄 것이고, 인류의 행복을 위하여 여성의 성격을 이용할 것이다.

모던 스쿨은 스페인에서 시급히 필요한 자연과학과 위생에 관한 지식을 일반시민에게 제공하였다. 우리는 이 일을 위해 부엔 박사와 바르가스 박사에게 강연을 지원받았다. 1903년 6월 30일, 나는 회부에 다음과 같은 선언을 실었다.

우리는 교육의 새로운 원리를 세우고 알리는 데 두 해를 보냈고, 원리를 실천함으로써 그것이 정당함을 입증했습니다. 또한 우리 일에 협력했던 모든 사람들은 호의적인 평판을 받았습니다. 이 일에서 우리가 선언했던 모든 것을 자신 있게 입증하여 승리감을 맛보았습니다. 우리는 앞길을 가로막던 이해관계와 편견의 장애를 극복했습니다. 그런 가운데 스스로를 지키려고 했으며, 강렬한 빛으로 무지의 암흑을 제거하는 일에 진보적인 동료애를 동원

했습니다. 우리는 가을방학 후인 9월에 활동을 재개합니다. 우리는 지난해의 성과를 말할 수 있어서 기쁩니다. 많은 관심과 기대를 모으고 있는 모던 스쿨과 회보는 활동을 새롭게 시작합니다. 우리는 약속이나 공약을 힘이 닿는 데까지 이행할 것입니다.

나는 3년째에 접어들 때 학교의 발달에 대한 다음의 글을 회보에 실었다.

우리는 이번 달 8일에 새 학기를 시작했습니다. 개학식 때에는 많은 아이들과 우리 교사들, 그리고 우리 일과 강의에 동참한 일반인들이 최근에 확장한 교실을 가득 메웠습니다. 사람들은 식이 시작되기 전에 학교의 과학 진열관에 전시된 물건들을 관람하였습니다. 식은 교장이 세 번째 학기의 시작을 공식 선언하는 짧은 연설로 시작되었죠. 그들은 많은 경험과 성공, 그에 따른 자신감으로 충만했기 때문에 모던 스쿨의 이상을 정력적으로 실현할 것이라고 말했습니다.

학교를 지지하는 드 부엔 박사는 학교의 확장을 축하해주었습니다. 그는 존재를 자각하는 것으로만 실제적인 지식이 형성되므로, 교육은 자연을 반영해야 한다고 말했습니다. 또한 학교에서 공부하고 이웃과 더불어 사는 아이들에게 - 자연스럽게 놀고 공부하는 - 우애를 칭찬했습니다. 그는 기존 제도권 교육에 종사하는 교수의 입장에서, 대부분의 교수들이 그렇지 않지만 모던 스쿨의 취지와 교육법에 동의하는 교수들이 있다고 말했습니다. 이 말은 자신과 바르가스 박사 그리고 다른 교수들을 두고 한 말이었습니다. 그는 과달라하라^{Guadalajara}(스페인 카스티야라만차 지방에 있는 도시. 스페인 내란 때 북동쪽 약 30km 지점에서 격전이 벌어진 곳이다.)에 비슷한 학교가 있고, 어떤 인도주의자가 그 목적을 위해 남긴 유산으로 설립한 학교가 곧 개교할 것이라고 말했습니다.

부엔 박사는 아이들을 무지와 미신으로부터 해방시키는 데 이바지하고 싶다고 했습니다. 그리고 그는 부유한 사람들이 죽음을 넘어선 내세의 행복을 추구할 것이 아니라 죽음에 임하여 재산을 사회에 환원할 것을 강력하게 희망하였습니다.

바르가스 박사는 우리를 적대시하는 사람들을 반박하면서 모던 스쿨에서 제공하는 순수하고 과학적인 합리적 교육만이 교육의 적절한 기초라고 주장했다. 아이들과 가족, 사회구성원들의 인간관계를 돈독하게 유지하기 위해서 이보다 더 나은 것은 없으며, 합리적 교육만이 후손들을 도덕적이고 지적인 인간으로 양성하는 유일한 방안이라고 주장했다. 그는 아이들의 정기검진을 포함하여 지난 2년간 모던 스쿨에서 시행했던 학교 위생활동과 나중에 브뤼셀에서 개최된 위생학회의 공인을 받았다는 기쁜 사실을 소개했다.

그는 구두교육의 효과를 강화하는 수단으로 슬라이드를 통해 여러 위생적인 행동, 질병의 유형, 병든 신체기관 등을 보여주며 강연을 했다. 간혹 슬라이드 고장으로 그림이 중간중간 끊겼지만 그는 다음 해에도 그의 의학 강연을 계속하기로 약속했다.

모임이 끝날 무렵, 청중은 즐거워했고, 아이들이 크게 기뻐하는 모습을 보면서 지금의 역경 속에서도 위안과 좋은 예감을 얻었다.

14. 탈종교교육

모던 스쿨의 지배적인 목적은 미래의 실질적인 진전에 장애가 되는 과거의 모든 시대착오적 활동을 제거하여 아동의 점진적인 발달을 촉진하는 것이다. 모던 스쿨은 아이들의 자연적 생명력을 - 일시적인 형태의 - 곤궁하고 긴급한 사회상황에 묶어두려고 하는 교조나 체제, 전형을 가르치지 않을 것이다. 우리는 사실로 입증된 이치에 맞는 해결책, 이론으로 뒷받침된 진리만을 수업에서 가르칠 것이다. 각자가 마음을 닦아 자신을 다스리며 진리로 지성을 밝혀 현실에 적용함으로써 무가치하고 부끄러운 독점욕이 없이 모든 인간에게 이로운 사람으로 만들 것이다.

우리의 2년간은 충분히 성공적이었다고 자신한다. 가장 큰 성공은 남녀공학의 장점을 입증한 것이었다. 편견과 전통보다 기본적인 상식이 우월했다. 특히 우리는 아이들이 지금의 현실을 알아야 한다고 생각했다. 또한 물질, 자연과학, 위생을 가르치는 것은 바람직하다고 생각하므로, 드 부엔 박사와 바르가스 박사의 강연활동을 계속할 것이다. 11주에서 12주 동안 일요일에 교대로 교실에서 각자 맡은 과목을 가르치게 될 것이다. 이들 강연은 그 주에 했던 과학수업의 내용을 보다 상세하게 설명하면서 정리해줄 것이다.

우리는 개혁작업이 성공하기를 간절히 바라는 마음으로 과학지식의 이해를 도울 흥미로운 물건들을 마련하여 배울 거리를 풍부하게 했다. 그리고 지금 교실이 아이들을 모두 수용하지 못하는 만큼 더 많은 교실을 짓고 입학하고자 하는 많은 학생들에게 긍정적인 답변을 주기 위하여 또 다른 대지를 확보해야 한다.

내가 말했듯이, 우리 프로그램의 발표는 반동적인 신문들의 비난을 받았다. 나는 모던 스쿨의 입장을 논리적으로 설명하기 위해 다음의 글을 회보에 실었다.

전통과 관례에서 해방된 모던 스쿨의 교육은 인간의 합리적인 개념, 실질적인 지식을 바탕으로 가장 이상적인 교육으로 끌어올려져야 합니다. 어떤 이유로든 이와 다르게 교육하고 자기 의무를 다 하지 않는 교사가 있다면, 그는 마땅히 사기꾼이라고 불려야만 합니다. 교육은 지배자의 이익을 위하여 사람들을 지배하는 수단이 되어서는 안 됩니다. 그러나 불행하게도 현실의 교육은 그 수단이 되어버렸습니다. 지금의 교육은 대중의 요구에 부응하여 이상을 실현하는 것이 아니라, 현 사회의 체제를 유지해야 한다는 강한 결정론을 바탕으로 조직되어 있습니다. 아무리 정당한 개혁도 반대하면서 기존의 사회를 수호하려는 것입니다.

이러한 고정불변의 요소는 낡은 오류에 성스러움을 부여하고, 대단한 명성과 교조적인 권위를 보태어 과학적 진리의 정당한 효력을 박탈하거나 계속 보류시켜 갈등과 혼란을 야기했습니다. 이런 요소는 모든 사람에게 행복을 가져오는 제도와 관습 속에서 자아를 실현하기 위한 것이 아니라 불행하게도 소수 특권층만을 위한 것입니다. 그 결과, 이집트 신정국가시대처럼 배운 자들에게는 신비적인 교리가, 노동과 생존의 고통으로 운명 지워진 낮은 계급에게는 통속적인 교리만 남게 되었습니다.

이 때문에 우리는 초기 역사에 유포되어 지금까지 우리를 지배하고 있는 신비론과 신화적인 교리를 배제하고 증거가 있는 과학적 가르침을 존중할 수밖에 없다. 현재 신비론과 교리는 자신의 지위가 위협받을까 두려워하는 극소수의 지식인들과 반과학을 공언하는 위선자들만이 아주 은밀하게 받아들이고 있다. 맹목적인 신앙인의 허구적인 꿈과 과학자의 합리적인 진실성만큼 현저한 차이를 보이는 것도, 그만큼 서로 적개심을 조장한 것도 없다. 성경의 절대성이 어느 정도인지 한 학술원의 말을 빌어보자.

성서에는 천국과 현세 그리고 인간의 연대기가 들어있다. 하나님처럼 과거에 있었고, 지금 있으며, 미래에도 있을 모든 것이 성서에 들어 있다. 성서 첫 페이지에서는 시간과 만물의 시작을, 끝 페이지에서는 그 종말을 알 수 있다. 전원시인 창세기로 시작하여 장송곡인 요한계시록으로 끝난다. 창세는 세상을 풍미하는 신선한 바람처럼 아름답다. 그때 천국에 첫 여명의 빛이 비추고, 초원에 처음 꽃이 개화하고, 인간이 처음 사랑을 속삭였고, 동쪽에 처음 태양이 떠올랐다. 요한계시록은 자연의 마지막 몸부림처럼 슬프다. 그때 태양이 마지막 빛을 발하고, 죽어가는 인간이 마지막 숨을 몰아쉰다. 그리고 모든 사람들이 장송곡과 전원시 사이를 연이어 스쳐간다. 종족과 족장이 스쳐가고, 공화국과 행정관, 왕국과 왕들, 제국과 황제들이 스쳐간다. 바빌론과 그의 적들이 스쳐간다. 니네베와 그의 화려한 행렬, 멤피스와 그의 사제들, 예루살렘과 선지자와 교회들, 아테네와 그 예술과 영웅들, 로마와 세계 정복자의 왕관이 스쳐간다. 신 외에는 아무것도 영속하지 않는다. 다른 모든 것은 파도의 물거품처럼 스러져 죽는다. 밤낮으로 읽어도 그 풍부함을 다할 수 없고 3, 4세기부터 인류가 읽기 시작했던 놀라운 책, 수학이 발명되기 전 이미 모든 것을 계산한 책, 언어학의 지식이 없어도 언어의 기원을 말한 책, 역사의 기록이 없어도 역사를 기록한 책, 천문학의 지식이 없어도 자연의 법칙을 벗긴 책이 바로 성서이다. 이 책은 모든 것을 보고 모든 것을 알고 있다. 이 책은 인간과 신의 마음속에 숨겨진 생각 그리고 바다의 심연과 지구의 내부에서 일어나고 있는 모든 것을 알고 있다. 국가의 모든 재난을 기록하고 예언하고 모든 자비, 정의, 복수의 보물들이 쌓여 있다. 요컨대, 천국이 거대한 부채처럼 펼쳐지고, 지구가 가라앉으며, 태양이 그의 빛을 거두고, 별빛이 꺼질 때에도 그것은 내내 정상에서 울려 퍼지는 영원한 신의 말이기 때문에 신과 함께 남아 있을 책이다.(이 글은 가톨릭학술원 회원인 도노소 코르테스Donoso Cortes가 한 연설에서 발췌했다.)

반동체제를 받치고 있는 주된 토대의 하나는 신인동형주의라고 부를 수 있는 것이다. 나는 이 말이 인간을 자연과 대립시키는 잘못된 의견을 가진 세계 도처의 강력한 집단이 인간은 자연과 달리 신을 닮은 존재로서 신의 생명창조의 예정된 결말을 나타내는 것이라고 본다. 이 집단의 생각을 자세히 살펴보면 세 가지 교리로 이루어져 있는데, 그것은 인간중심주의, 신인동형주의, 심성신성주의(종교상의 인간중심주의는 인간이 신의 마지막 창조물로서 세계의 중심이 된다는 것이고, 신인동형주의는 신의 형상을 본떠 창조된 인간이 만물을 지배한다는 것이며, 심성신성주의는 인간만이 영혼을 가지고 있으며, 신이 지닌 신성의 불멸성을 지녔다는 것이다. 이 세 가지는 비과학적인 오류를 낳는 원천이 되는 대표적인 교리이다.)로 특징지을 수 있다.

첫째, 인간중심적인 교리는 인간이 모든 지상의 삶, 혹은 보다 넓은 의미에서 전체 우주의 예정된 중심이고 그 목적이라는 생각에서 절정을 이룬다. 이 오류는 세 가지의 위대한 지중해 종교의 창조신화, 즉 모세, 기독교, 마호메트의 교리와 밀접한 관계를 갖고 있으며 지금도 문명세계의 넓은 지역을 지배하고 있다.

둘째, 신인동형이론도 앞서 말한 세 종교와 여타 종교들의 창조신화와 관련이 있다. 이 이론은 신의 세계창조와 지배를 유능한 기술자나 기계공의 인공적 창조, 현명한 통치자의 행정에 비유한다. 세계의 창조자, 유지자, 통치자로서의 신은 인간의 사고와 업적 속에서 인간적 형태를 띠고 표현되고 있다. 그러므로 인간이 신의 모습을 닮은 결과가 된다.

"신은 자신의 형상과 모양을 본떠 인간을 만들었다."

고대의 순수한 신학은 본래 보이지 않는 가스와 같은 신에게 피와 살을 가진 인간의 모습을 부여한 인신주의人神主義였다. 그것은 인간의 모습으로 생각하고, 말하고, 행동하는 인간적인 신을 숭배하는 현대 신비적인 신지학과는 다른 것이었다. 현대의 신지학은 우리에게 가스 같은 척추동물의 궤변적인 신의 모습을 상상하게 한다.

셋째, 심성신성주의의 교리는 신과 인간의 행위를 비교한 데서 나온 것으로 인간성의 신격화로 끝맺는다. 나아가 인간의 영혼은 영원하고 그 영혼이 유한한 육신에 일시적으로 머무르는 것으로 본다. 인간의 본질을 이원적으로 해석하는 믿음에서 나온 교리다.

이 세 가지의 인간적인 교리는 각 종교에 맞게 변형되었고 가장 위험한 오류의 원천임이 입증되었다.(헥켈의 저서《우주의 수수께끼》제1장에서 발췌하였다.)

실증적인 교육은 무지와 이기심으로 유지되는 적대적인 교리에 대항하여 실천적이고 정의로운 진리를 전하고자 한다. 그것을 진리로 입증된 자연적인 연구결과를 준비하고 체계화하여 아이들에게 가르친다. 사회학적으로 표현하자면, 개인의 이익뿐만 아니라 모두의 이익을 위해 일하는, 보다 평등한 사회상을 세우기 위한 준비를 하는 것이다. 창조주가 아무 것도 하지 않은 채 영겁의 시간을 보낸 후, 6일 동안 무에서 모든 것을 창조했다고 주장하는 모세와 모든 교리론자들은 태양을 도는 혹성을 보여주었던 코페르니쿠스에게 그 자리를 내주어야 한다. 천체우주의 중심이 지구가 아니라 태양이라고 공언했던 갈릴레오

갈릴레이, 지구는 둥글다고 믿고 신대륙을 찾아 인류동포론의 실질적 기초를 제공했던 콜럼버스, 자연사의 창시자인 린네와 큐비에, 체계화된 우주진화론의 창시자인 라플라스, 자연도태로 종의 형성을 설명했던 진화론의 저자 다윈, 그리고 가정된 계시를 믿지 않고 관찰과 실험에 의해 우리들에게 우주, 지구, 생명의 실질적인 본질을 말한 모든 사람들에게 그 지위를 내주어야 한다.

지금 많은 사람들이 무지와 미신에서 구제되고 있다. 무지와 미신에 매몰되어 반사회적인 회의론에 빠진 세대가 저지른 악행에 대한 최선의 구제책은 순수한 인도주의적 원리와 과학이 제공한 실증적이고 합리적인 지식을 새 세대에게 가르치는 것이다.

이렇게 교육받은 여성은 자녀들에게 전통적 미신을 믿게 하지 않는 어머니가 될 것이다. 그들은 자녀들에게 낡아빠지고 무익한 교조와 부당한 위계에 대한 복종을 가르치지 않고, 삶의 성실과 품위, 사회적 결속을 가르칠 것이다.

이렇게 교육받은 남성들은 신비와 기적, 자신과 동료에 대한 불신에서 해방되고, 신비주의자들의 치졸한 가르침대로 죽기 위해서가 아니라 살기 위해서 태어났음을 굳게 믿으며 삶의 발전을 가져다 줄 사회적 여건을 최대한 서둘러 조성하려 할 것이다. 이렇게 우리는 이전 세대의 기억과 마음의 상태를 교훈과 경계로 삼아 종교적 시대의 최종 막을 내리고 이성과 자연의 시대로 기필코 진입할 것이다.

지금은 전국 32개의 학교에서 모던 스쿨의 출판물을 사용하고 있고, 이같은 파급효과는 바르셀로나와 그 주변지역 뿐 아니라 세비야와

말라가, 타라고나와 코르도바, 그리고 다른 도시에서도 느껴졌다. 우
리 학교의 학생 수 또한 서서히 증가했다.

15. 아동의 순수성

우리는 두 번째 학기가 끝나는 날, 여러 학년의 아이들의 작품을 출판했다. 판단력이 움트기 시작하는 아이들의 글은 미숙했지만 형식을 준수하기보다는 순수한 추리력, 정의감이 더욱 뚜렷하게 나타났다. 아이들은 지식이 충분치 않고, 견해가 확실하지 않아 논리적으로는 불완전하다. 그러나 아이들의 글은 우리가 흔히 볼 수 있는 전통, 이해관계, 교조에서 나온 편견을 토대로 한 판단과는 거리가 멀다. 예컨대 열두 살의 한 소년은 국가의 가치를 판단하기 위해 이 같은 원리를 제시했다.

민족이나 국가를 문명화되었다고 하기 위해서는 다음과 같은 것으로부터 해방되어야 한다.

나는 그 어린 필자가 '문명화'와 '정의'를 같은 것으로 본다고 해석했다. 특히 아이는 편견과 악은 고칠 수 있으며, 악의 치료를 정의의 본질적인 조건으로 간주하였다. 치료되어야 할 악은 세 가지가 있다고 썼다.

첫째, 가난과 부의 공존, 그리고 그 결과로 생긴 착취.

둘째, 사회의 나쁜 조직에 기인한 것으로 한 나라가 다른 나라에 맞설 때 사용하는 파괴의 수단인 군국주의.

셋째, 어떤 이에게는 지배와 명령을 하도록 허용하고, 다른 이에게는 자신을 낮추어 복종하도록 강제하는 불평등.

불완전한 아이들이 발견한 이 원리는-그것만으로는 사회적인 문제를 완전히 해결할 수 없겠지만-기본적이고 순수한 것으로 참신한 지식에 늘 마음을 열어놓고 있다는 것을 보여준다.

그것은 마치 이렇게 묻는 것과 같다. "아픈 사람이 건강을 회복하기 위하여 무엇이 필요합니까?" 대답은 이렇다. "그의 아픔이 사라져야 합니다." 이것은 순수하고 자연스런 대답이다. 그러나 우리 사회에서 일상적인 방식으로 키워진 아이는 분명히 이런 대답을 하지 않을 것이다. 그런 방식에서는 아이가 초자연적인 존재에 의지하도록 가르칠 것이다. 삶의 문제를 순수하게 보는 것이 정당한 해결의 희망을 배제하지는 않는다. 실제로 아래 아이의 글에서 나타나는 바와 같이, 전자는 논리적으로 후자를 요구한다.

만일 부자, 군인, 지배자 혹은 임금이 없었다면, 모든 사람들이 자유와 행복을 남용하기보다는 상당한 문명을 향유하게 될 것이고, 보편적인 심성과 우정이 지배할 것이다. 과학은 전쟁과 정치적 침체에 의해 방해받지 않고 훨씬 더 크게 발전할 것이다.

아홉 살 소녀는 부정확한 언어로 표현했지만 다음과 같은 재치 있는 의견을 제시했다.

죄인은 사형을 선고받는다. 만일 살인자가 이 벌을 받을 만하다면, 그에게 형을 선고한 사람과 그를 죽인 사람 또한 살인자들이다. 논리적으로 그들도 마땅히 죽어야 하며, 그러면 인류는 종말을 고할 것이다. 죄를 지은 사람을 처벌하기보다는 그에게 좋은 충고를 하여 그가 다시는 그런 죄를 저지르지 않도록 하는 것이 더 나을 것이다. 게다가 만일 우리가 모두 평등하다면, 도둑이나 암살자나 부자나 가난한 자가 없을 것이고, 일과 자유를 사랑할 것이다.

이런 인지의 단순성, 명료성, 건강성에 무슨 주석이 필요하겠는가. 부드럽고 아주 예쁜 어린 소녀의 입 - 살아있는 실물이라기보다는 진리와 정의의 표상 같은 - 에서 이런 말이 나오는 것을 듣고 놀라는 것은 당연하다. 열두 살의 소년은 진실에 대해 말한다.

진실하지 않는 사람은 평화롭게 살지 못한다. 그는 늘 탄로날까봐 두려워한다. 그가 비록 잘못했다 하더라도 진실을 말하면 양심은 구제될 것이다. 만일 어릴 때 거짓말을 시작한다면, 자라면서 점점 더 큰 거짓말을 할 것이고, 더 큰 해악을 끼칠 수도 있다.

13살의 한 소녀는 광신에 대해 글을 썼다. 그리고 그것을 후진국의 한 특징으로 생각하고, 그 원인을 모색하고 있다.

광신은 여성의 무지와 후진적인 상태의 결과다. 가톨릭교회에서는 무지한 여성들이 그들 체제의 주된 지지자이기 때문에, 교육받은 여성들을 원치 않는다.

광신의 원인들, 그 원인들의 원인에 대해 심오하게 관찰하고 있다. 13살의 또 다른 소녀는 다음의 문장에서 그런 악에 대한 최선의 대책을 제시한다.

남녀공학은 반드시 필요하다. 남학생은 여학생 사이에서 공부하고 놀 때, 여성에 대한 존중을 배우고 여성을 도울 줄 알게 된다. 그것은 여학생도 마찬가지다. 반면에 따로따로 교육 받으며 여학생이 좋은 동료가 아니며 남학생보다 못하다는 말을 남학생이 듣는다면, 소년은 어른이 되어서 여성들을 존중하지 않을 것이고 여성을 피지배자나 노예로 생각할 것이다. 결국 그것이 여성을 보는 입장이 된다. 그래서 가능하면 어느 곳이든, 남녀공학의 기초를 다지기 위하여 노력해야 하며 가능하지 않은 곳에서도 어려움을 극복하려고 노력해야 한다.

12살의 한 소년은 학교가 읽고, 쓰고, 생각하는 것을 배우는 곳이고, 도덕과 과학의 토대이기 때문에, 모두가 존중할 가치가 있는 곳으로 생각했다. 그는 이렇게 덧붙여 말했다.

만일 학교가 없다면 미개인처럼 살아야 한다. 맨발로 걷고, 목초와 날고기를 먹고, 동굴과 나무에서 거주해야 한다. 즉 우리는 야만적인 생활을 해야 한다. 우리는 학교 때문에 지성인이 될 것이고, 전쟁이나 욕망에 불타는 사람들이 없을 것이며, 전쟁을 죽음과 파괴의 행위로 생각하게 된다. 거리를 배회하면서 학교에 다니지 못하는 아이들이 있다는 것은 매우 안타까운 일이고, 그들이 어른이 될 때 사태는 더욱 심각해질 것이다. 그래서 선생님들이 우리를 가르치면서 보여준 인내심에 감사한다. 학교를 존중하자.

만일 이런 아동이 보여준 재능을 존중하고 개발시킨다면, 자신의 이익과 사회의 이익을 위하는, 이기심과 이타심을 조화시키는 방법을 알게 될 것이다. 11살의 한 소녀는 국가가 전쟁에서 서로를 파괴하는 것을 개탄하고, 부자가 가난한 자의 노동과 궁핍 위에서 편하게 살고 있음을 한탄했다. 그 소녀는 이렇게 끝맺었다.

전쟁 때문에 서로를 죽이고, 계급차이 때문에 서로를 저주하는 대신 인류의 선과 사물에 대한 새로운 발견에 왜 사람들이 기꺼이 헌신하지 않을까? 사람들은 서로를 사랑하고 우애롭게 살기 위하여 단합해야 한다.

10살인 한 아이의 글은 이전의 글과는 정조가 달라서 매우 좋았다. 그래서 지면이 허락되면 전문을 신고 싶었다. 그 소년은 글에서 학교와 학생에 대해 이렇게 말했다.

계급차별이 없이, 우리가 알지 못하는 것을 배우려는 열망으로 한 지붕 아래 모일 때 - 우리 학교에는 대학교수의 아이들도 있다 - 우리는 동일한 목적을 가진 한 가족이 된다. 무지한 사람은 가치가 없다. 그에게서 기대할 것이 거의 없거나 전혀 없다. 선생님은 우리들에게 시간을 낭비하지 말라고 경고한다. 시간을 낭비하지 않음으로써 결국 우리는 이득을 얻고 보답 받을 것이다. 우리는 좋은 학교의 결실을 놓치지 않을 것이다. 우리 선생님들, 우리 가족, 그리고 사회를 사랑하며 행복하게 살 것이다.

또 다른 10살의 아동은 교육과 의지로 피할 수 있는 인간의 결함에 대하여 철학적으로 사색하고 있다.

인간의 결함 중에는 거짓말, 위선, 그리고 이기심이 있다. 남성과 여성이 교육을 잘 받고 완전히 서로 동등하게 된다면, 이런 결함은 사라질 것이다. 부모들은 잘못된 생각을 주입하는 종교학교에 아이들을 보내지 말고, 존재하지도 않는 초자연적인 교조를 가르치지 않는 합리적 학교에 보내야 할 것이다. 이런 교육을 받는다면 전쟁도 없어지고, 조화로운 분위기 속에서 함께 살고 일할 것이다.

우리는 전부 인용해도 좋을 만큼 글의 형식과 내용이 훌륭한 16살의 한 여학생이 쓴 아래의 글로 마무리하고자 한다.

현 사회 질서 속의 불평등은 얼마나 많은가! 누구는 아침부터 밤까지 생계비도 안 되는 것을 벌려고 일하고, 누구는 과소비를 하고자 노동자들의 노동을 착취하고 있다. 왜 이럴까? 우리는 본래 모두 평등한가? 의심할 바 없이 평등하다. 그러나 사회가 그것을 받아들이지 않는다. 노동자들은 일하고 고통 받는 반면에 다른 이들은 게으름 피우고 향락을 즐긴다. 어느 노동자가 자신이 착취당하고 있음을 깨닫고 다른 노동자들과 더불어 불평등의 고통을 없애려 하면 비난받을 뿐 아니라 잔혹하게 처벌 받는다. 그러므로 노동자는 스스로를 교육하지 않으면 안 된다. 이것을 위하여 부자가 지급하는 임금으로부터 자유로운 학교를 설립할 필요가 있다. 노동자는 사회의 가장 유용한 존재이므로 자신이 가치 있는 존재라는 것을 깨달아야 한다.

이런 글모음은 생각의 논리적 가치가 어떤 것이든 아이가 스스로 획득한 실증적 지식을 통해 알게 된 것은 편견이나 그 어떤 종류의 종파, 파당의 논리에도 굴복하지 않음을 보여준다. 증거의 타당성을 토대로 완전한 자율과 이성의 지침에 따라 생활하면 모두 평등해지고 자유롭게 될 것이다. 그리고 그러기 위해서는 옛날의 불합리한 맹목과 교조에 대한 강요가 일소되어야 한다.

1903년 12월, 바르셀로나에서 열렸던 철도노동자회의는 프로그램의 일부로 모던 스쿨 방문을 허락해달라고 요청해왔다. 학생들은 기꺼이 그들에게 초청장을 써서 보냈다. 그러나 방문은 예상치 못한 사태로 성사되지 않았다. 그러나 우리는 회보에 다듬어지지 않았지만 진실의 향기를 발산하며 천진난만한 순수함을 바탕으로 쓰인 아이들의 글을 실었다. 아이들은 서로의 글에 대해 아무도 의견을 말하거나 비교하지 않았지만, 정서적으로 상당한 일치를 보였다. 훗날 바르셀로나에 있는 노동자학교의 학생들이 우리 학생들에게 안부편지를 보냈고 그들도 답장을 했다.

16 . 회보

모던 스쿨은 회보를 통해 스스로의 존재가치를 발견했다. 정치적인 신문이나 일반 신문은 한때 우리를 지지하기도 하고 우리를 위험한 존재로 비난하기도 했다. 신문은 공정한 태도를 유지하지 않았다. 신문들은 아무 가치도 없이 과장된 칭찬을 하거나 중상모략적인 비난을 했다. 이에 대한 우리의 유일한 대비책은 스스로의 지향점을 진실하고 명백하게 보여주는 것이었다. 신문의 중상모략을 그대로 두면 우리에게 상당한 해가 될 것이다. 그래서 우리는 회보를 통해 그에 맞섰다.

우리들은 회보에 학교의 프로그램과 재미있는 일화, 세부적인 통계, 교사들의 독창적인 교수법, 다른 나라에서 진행되는 합리적 교육에 관한 이야기, 우리 활동의 성격과 일치하는 외국 비평과 간행물의 소개, 일요 강연에 대한 보고, 그리고 교사와 도서관의 공적인 동정을 실었다.

특히 학생들에게 할애된 난은 가장 성공적이었다. 그 난에서 학생들은 개인적인 생각뿐 아니라 공통된 정신을 자연스럽고도 분명하게 밝혀 주었다. 교사들이 지적한 바와 같이 아이들은 삶의 현실과 접할 때 뚜렷한 성별 차이가 없다. 비록 짧은 글이지만 중요한 철학적 정치적 사회적 문제에 대해 분명한 논리를 보여 주었다. 처음에 회보는 무료로 학생들에게만 배포되었으나, 학교 밖에서 회보에 대한 요구가 빗발쳐, 구독료를 받고 배포하는 부서를 따로 두어야 했다. 회보는 모던 스쿨의 회보일 뿐만 아니라 철학적 비평서가 되었다. 이 회보는 박해를 받아 학교가 문을 닫을 때까지 꾸준히 발간되었다. 회보의 중요한 임무는 정도를 벗어난 비신도 교사들을 바로 잡아주기 위하여 내가 회보에 썼던 다음의 기사에서 찾아 볼 수 있다.

어느 노동자학교가 학생들이 직접 운영하는 은행을 설립했습니다. 이 소식에 신문들은 그 은행을 통해 학생들이 합리적으로 돈을 쓰는 것에 대해 많이 배울 것이라며 많은 호응을 보냈습니다. 그리고 우리에게도 그러한 방법을 시행할 것을 촉구했습니다. 그 학교가 스스로 결정하고 행동할 권리가 있다면 우리도 그와 똑같이 합리적인 공적 의견을 생산할 권리가 있습니다. 먼저 우리는 현 실정에서 저축은 합리적인 것과 무관하며 심지어는 반대되는 개념이라고 생각합니다. 아이들에게 반드시 저축하라고 가르치지 않고서도 합리적인 지식과 실천을 가르칠 수 있습니다. 합리적인 소비란 이성적으로 재화를 절약하여 사용함을 의미하고, 저축한다는 것은 재화 사용의 제한을 의미합니다. 합리적으로 소비함으로써, 우리는 낭비를 피할 수 있습니다. 그러나 잉여재산이 전혀 없는 민중에게 저축하라고 강요하는 것은 필수적인 물건을 빼앗아 기득권층에게 주는 꼴이 됩니다.

저축하라고 배운 아이들에게 여분의 자산이 어디 있습니까? 우리는 아이들이 여분의 자산을 갖고 있지 않다고 확신합니다. 자녀를 이 학교에 보낸 노동자들은 그들의 고용주가 노동의 대가로 지불한 임금, 즉 가혹한 수요와 공급의 법칙에 의해 결정된 최소한의 액수로 살아갑니다. 노동자들은 임금만으로는 생계를 잇기도 어려운 반면, 특권계급은 사회적 부를 독점합니다. 노동자들은 문명의 발달에 적합한 삶을 살 수 있는 충분한 몫을 전혀 얻지 못하는 것입니다. 따라서 미래의 노동자들인 이들 노동자의 자녀들에게 이자가 생긴다고 자발적으로 궁핍함을 견디면서 저축을 하라고 가르치는 것은 곧 스스로를 특권에 복종하라고 가르치는 것입니다. 경제의 실천을 가르치면서 실제로 의도하는 것은 그들을 정의롭지 못한 질서의 희생물, 혹은 공범으로 변질시키려고 하는 것입니다.

노동자계급의 아이도 인간의 자식이며, 자신의 재능을 개발하고 도덕적이고 신체적인 욕구를 충족할 권리를 갖는다. 이런 목적을 위하여 사회는 복무해야 한다. 제도화된 사회적 기능은, 특권적이고 반동적인 계급이 다른 사람들의 생산물을 이기적으로 독점향유하며 피지배계급을 억압하거나 복종시키는 것이 아니다. 사회는 모든 공동체 구성원들의 권리와 의무 간에 공정한 균형을 유지하여야 한다.

실제로 개인은 자신의 권리, 욕구, 즐거움을 사회에 헌납하라고 강요당한다. 이같은 병폐가 인내, 고통, 궤변적인 이성을 만들어낸다. 우리는 합리적인 가계운영을 권하고 저축을 비난해야 한다. 자유, 배움, 그리고 즐거움이 없이 사는 빈자들의 평균 사망자 수는 - 노동자에 대한 착취의 토대 위에 의기양양 살아가는 - 지배계급의 사망자 수에 비하여 놀라울 정도로 높다. 이러한 사회 질서 속에서 그렇게 사는 노동자가 되라고 가르치는 것이 옳다고 생각하지 않는다. 최소한 인간의 권리마저 침해당한 사람들은 마갈Margall(자유주의적 저널리스트였던 마갈은 1866년 레오폴드 오도넬 장군에 반대한 반란이 실패로 돌아가자 프랑스로 피신하였다. 1868년 이사벨라 2세 정권이 몰락하자 스페인 의원으로 선출되었다가 단명한 스페인의 첫 공화국 대통령이 되었다.)의 멋지고 힘찬 말을 들어야 한다.

"나의 인간적인 권리를 행사하는 것을 막을 자 누구인가? 위선적이고 전제적인 사회가 우리를 억압한다면 우리는 자신을 방어하지 않으면 안 된다. 그런 사회가 등장할 때마다 지옥으로 돌려보내라."

교육에 적용할 때도 이런 원리에 입각하여 아이들에게 학급의 물건을 낭비하는 것은 전체의 행복에 어긋난다고 가르쳐야 한다. 만일 아이가 종이를 마구 쓰고 펜을 분실하고 책을 찢는다면, 그것은 부모와 학교에 잘못하는 것임을 가르쳐야 한다. 분명하게 말할 수 있는 것은 보다 완벽한 소비를 위하여 절약을 생활화해야 한다는 것이다. 실업과 병과 노인들을 방치하는 저축이 되어서는 안 된다. 더구나 저금이 삶의 기본적인 욕구조차 채울 수도 없는 봉급에서 나와야 한다고 하는 것은 옳지 않다. 그것은 잘못된 계산이다.

노동자들은 대학교육을 받고 있지 않다. 그들이 영화관이나 연주회에 가는 것도 아니다. 그들이 예술, 산업 혹은 자연의 경이로움 앞에 황홀해 하는 것도 아니다. 그들이 휴일에 공기 좋은 곳에서 폐에 생명을 불어넣는 산소를 채우는 것도 아니다. 그들이 책이나 비평을 읽고 발전하는 것도 아니다. 그들은 갖가지 결핍의 고통을 겪으면서 한편으로는 과잉생산에 따른 위기를 감내하고 있다.

이런 슬픈 진리를 아이들에게 감추고 '많은 것보다는 못하지만 적은 것은 모두 같다'고 말하는 것은 교사의 도리가 아니다. 과학과 산업이 가져다준 성과를 모두 함께 누리고 삶의 진수성찬을 함께 먹자고 초대받기 위해서는, 특권을 누리는 자들을 위해서 빈자들이 부스러기와 찌꺼기마저 기득권층을 위해 저축해야 한다고 가르쳐서는 안 된다. 우리는 교육을 악용하지 말아야 한다.

우리의 원리들로부터 다른 길로 벗어난 또 다른 경우가 있다. 우리는 민중사회단체를 위해 교육에 관심을 가지고 있는 바르셀로나 시의회가 통과시킨 지원목록과 지원금액을 보고 마음이 아프다 못해 화가 났다. 그 단체는 시의회의 소액 지원을 거부하지 않음으로써 자율적인 교육에서 멀어져 가고 있다.

가톨릭의 극단적 보수국가에서 이런 실상의 의미는 분명하다. 교회와 자본주의 제도는 오직 자선과 후원이라는 교묘한 장치를 통해 그들의 지배권력을 유지하고 있다. 그들은 이것으로 무산계급을 만족시키고 계속 존경을 받고 있다. 당국자들은 우리가 공포의 함성을 지르지 않아도 마치 겸손한 기독교인처럼 행동하는 것이다.

경계하라, 거듭 말하노니, 경계할 일이다! 그들은 당신의 자녀들을 나쁘게 교육시키려고, 지원금을 받으라는 그릇된 길로 계도하고 있다. 당신이 타자의 힘에 의지한다면, 그리고 공적이든 사적이든 후원에 의존한다면, 당신 자신과 자녀들을 결코 해방시킬 수 없다. 삶의 현실을 모르는 가톨릭교도들은 신이나 성 요셉 혹은 이와 유사한 존재에게 모든 것을 기대한다. 심지어는 그들이 기도를 들어줄 것이라는 보장이 없으므로, 사후의 보상을 기대한다. 혹은 복권사업을 통해 도박꾼들이 지배자에 의해 도덕적으로 물질적으로 희생되고 있다는 것을 알지 못하게 하고, 자력으로 얻을 수 없는 돈을 요행으로 벌 수 있다고 믿게 한다. 그것은 그나마 볼 만하다. 현 체제에 항거하는 혁명적 저항정신으로 뭉친 사람들마저 거지처럼 손을 내미는 모습을 보는 것은 슬프다. 그들 자신의 정력, 지성, 능력을 믿는 대신에 수치스런 선물을 받고 그에 감사하는 것을 보는 것은 슬프다.

훌륭한 신앙을 가진 모든 사람들이여, 경계하라! 이것은 아이들의 참된 교육을 확립하는 길이 아니고, 그들을 노예로 만드는 길이다.

17. 모던 스쿨의 폐쇄

모던 스쿨의 활동이 절정에 달하자 나를 암살미수사건에 연루시킨 적들은 - 바르셀로나와 스페인의 반동세력인 - 자신들이 승리했다고 믿었다.(1906년 페레의 모던 스쿨 직원 중 한 사람이었던 마테오 모랄이 스페인 국왕 부처를 암살하려고 폭탄을 투척했으나 실패했다. 이 암살사건에 연루된 페레는 1년간 옥고를 치렀다. 페레는 모랄의 암살에 전혀 공모하지 않았고 오히려 반대했다는 사실이 입증되어 후에 무죄로 석방되었으나 이 사건으로 페레는 모던 스쿨을 다시 열 수 없었다.) 그러나 그들의 승리는 반동에 대항하는 실천적인 합리주의 투쟁의 역사에서 볼 때, 일시적인 것에 불과하다는 것이 입증되었다. 나에게 사형을 구형한 수치스런 검찰의 행위 - 법정에 정의가 있기 때문이기보다는 명백한 무죄사실 때문에 기각된 - 는 즉각 세계의 자유인들과 참된 진보주의자들의 동정심을 불러왔고, 합리주의 학교의 의미와 이상에 대한 관심을 증폭시켰다.

1906년 5월에서 1907년 6월까지 1년 동안 세계적으로 저항과 찬양의 운동이 있었다. 이 운동은 모든 문명국가의 언론과 대중운동을 통해서 울려 퍼져나갔다. 적들은 마치 합리주의를 국제적으로 정착시키는 데 있어서 주도적인 역할을 해왔던 것처럼 행세하였다. 늘 이상의 빛을 마음에 품고 실천해온 나는 이러한 거대한 움직임에 직면하여 왜소함을 느끼지 않을 수 없었다.

합리적인 교육을 위한 국제연맹은 문화의 선두에 있는 사람들 - 아나톨 프랑스, 에른스트 헥켈 등 - 을 중심으로 여러 갈래로 전 세계로 전파되었다. 국제연맹은 프랑스의 L'Ecole Renovee, 바르셀로나의 the Bulletine, 로마의 La Scuola Laica의 기관을 갖고 있다. 이들은 과학을 통해 오류의 오염과 허무맹랑한 맹목으로부터 아이들을 정화하고 신념과 지식간의 완전한 조화를 이루기 위해 노력해왔다. 또한 대중에게 통속적인 교훈을 남기는 - 특권층을 위한 - 교육체제를 타파하는 데 온갖 교육적 노력을 기울여왔다.

우리는 실효성 없는 운동 대신 위대한 지식과 연구 성과를 바탕으로, 격렬한 복수의 요구가 불러일으키는 가공할 만한 공포와 영웅적 희생을 치르지 않고 교육으로서 미래의 혁명을 이루고자 한다. 과학적인 교육이 대중에게 파고든다면 사람들은 자아를 의식하고 책임 있는 행동을 할 것이고, 자신의 판단에 따라 의지를 통제할 것이다. 그런 사람은 정치적 프로그램의 제작자들이 격정적으로 떠벌이는 허풍에 부당하게 이용되지도 않을 것이다. 진보진영이 이러한 혁명의 극단적인 성격을 버린다면, 생물이 진화하는 것처럼 견고성, 안정성, 영속성 속에서 목적을 이룰 수 있을 것이다. 모든 시대의 혁명가들이 예견하고, 사회학자들이 자신 있게 약속했던 합리적 사회의 도래에 대한 전망은 유토피아적인 환상이 아니라, 이성과 과학의 혁명적인 힘에 의해 쟁취되는 당연한 승리로서 우리들의 시야에 나타날 것이다.

모던 스쿨 교육의 새로운 명성은 건전한 교육의 가치를 잘 아는 사람들을 사로잡았다. 여러 사람들이 학교에 대한 정보를 요청하였다. 비종교계 사립학교나 사회단체가 운영하는 학교의 교장은 그들과 우리의 차이점에 대해 연구했다. 학교를 방문해서 나와 의견을 나누고 싶다는 요청이 빗발쳤다. 나는 기꺼이 그 요구를 들어주었다. 나는 그들에게 모든 의심을 버리고 새로운 교육의 길로 들어오도록 설득했다. 모던 스쿨을 모범으로 삼아 지금의 학교를 개혁하거나 새로운 학교를 창립하려는 움직임이 이어졌다.

우리의 전망에 대한 믿음과 새로운 교육에 대한 열정은 대단했음에도 불구하고 심각한 어려움이 있었다. 우리에게는 교사가 부족했고 교사를 양성할 기관도 없었다. 전문적인 교사들은 두 가지 어려운 점을 갖고 있었는데, 그것은 전통적 관습에서 벗어나지 못했다는 점과 미래의 우연성에 대한 두려움이었다. 이상에 대한 끊임없는 열정을 가지고 진보적인 목적에 기꺼이 헌신하는 사람은 극소수였다. 교육받은 사람들이 그 빈자리를 채워야 했다. 그러나 그들을 어떻게 교육시킬 것인가? 그들을 어디에서 교육받게 할 것인가?

나는 지금 노동자단체나 정치사회단체들이 다시 학교를 열기로 했다는 말을 들었다. 그들이 교실과 설비를 확보하려고 노력하고, 교재는 우리 것을 사용하리라는 것은 예상되었다. 그러나 그들에게 교사가 있느냐고 물을 때마다 그들은 고개를 저었다. 나는 그들이 원하는 것을 들어줄 수 있다고 생각했고 그것을 제공해야만 했다.

상황은 나를 합리주의 교육계의 지도자로 만들었다. 나는 늘 교사의 입장을 이해하는 편에서 협의하고 요청했다. 나는 늘 부족함을 느꼈던 터라 여러 사람들에게 자문을 구했고, 모던 스쿨의 젊은 교사들은 그것을 인정해 주었다.

처음의 결과는 자연히 혼란스러웠다. 이 교육의 목적을 이해하는 ─그러면서도 도덕적이고 지적인 능력이 뛰어난─ 교사들은 합리적인 교육활동을 훌륭하게 수행해냈지만, 그렇지 않은 교사들은 실패했다.

나는 가르치는 데 헌신적이었던 모던 스쿨의 교사들이 다른 학교를 돌볼 시간을 낼 여유가 없다고 생각하여 이미 언급했던 사범학교를 설립했다. 사회적 문제의 해결책이 과학적이고 합리적인 학교에 있다면, 그 주된 해결방안은 위대한 소명의식을 가진 교사를 양성하는 것이라고 확신했다.

나는 내 활동의 실천적이고 실증적인 결과인 바르셀로나의 모던 스쿨이 매우 성공적인 실험이었다고 생각한다. 그것은 두 가지 특성 때문에 유명해졌다. 첫째, 개선될 여지를 남겨 놓으면서도 현재의 사회 상황에서 실질적으로 교육방법이 어떠해야 하는가 하는 준거를 마련하였다.

둘째, 이런 교육의 확대를 촉진하는 역할을 했다. 그 당시까지만 해도 진정한 의미의 교육이 없었다. 대학은 소수 특권층을 위한 것이었고, 근대적인 연구가 밝혀낸 진리와 전통적 오류와 편견, 권위주의적 교조주의가 뒤섞여 있었다. 아이들과 민중을 기존의 사회체제에 맞게 길들이는 기관인 초등학교는 가난한 사람들에게 고된 운명을 침묵으로 감수하도록 하고, 자연적인 에너지를 억압하는 일종의 승마학교(전통적 초등학교를 가혹한 훈련에 의해 훌륭한 기수를 양성하는 승마학교에 비유하였다)였다. 모던 스쿨은 신앙교육과는 달리 마음에 과학의 빛을 비쳐주는 참된 교육을 실천하였다. 이 학교는 그의 짧은 전통에 비해 놀라울 만큼 많은 것을 해냈다.

학교에 입학하여 친구들과 계속 함께 지내는 아이들은 인습적인 생활습관을 빨리 바꾸었다. 아이들은 싸움을 피하는 품성을 계발했고, 동물에 대한 잔혹 행위를 그만 두었으며, 우리가 국민적 스포츠라고 부르는 '투우'의 야만적인 풍경에 눈을 돌리지 않았다. 아이의 성품이 고양되고 정서가 정화되자, 삶의 현장에 널리 퍼져 있는 사회적 불의를 개탄했다. 아이들은 전쟁을 증오했고 최고의 미덕이 국가적 영광이나 정복, 폭력에 있지 않고 인간의 도덕적 발달과 행복에 있어야 한다고 생각했다.

모던 스쿨의 성과는 노동자 사회단체가 운영하는 학교에 파급되었고, 학교의 아이들에 의하여 그 가족들에게 침투되었다. 일단 아이들이 이성과 과학에 감화되면 자기도 모르게 부모의 교사로 변했고, 다음에는 그들의 부모들이 친구와 친척들에게 더 나은 생활태도를 전파시켰다.

이렇게 그 영향력이 확대됨에 따라 모든 예수회의 증오를 낳았고,

그 증오는 모던 스쿨의 폐쇄로 종결지어졌다. 학교는 폐쇄되었다. 그러나 이것을 계기로 우리는 더욱 힘을 모아 - 진보의 참된 목적을 촉진하려는 - 분명한 계획 아래, 신선한 시도를 하기 위해 힘을 결집시켜야 한다. 이상이 모던 스쿨의 과거, 현재, 그리고 미래에 지향해야 할 바에 대한 이야기의 전부다.

프란시스코 페레의 생애와 사상

박홍규

들어가며

프란시스코 페레는 누구인가? 그는 1859년에 태어나 1901년 최초로 근대적 자유학교인 모던 스쿨을 세우고 그 이유로 감옥살이를 했으며 1909년 나이 오십에 사형을 당한 사람이다. 그는 세계에서 최초로 교육순교자가 된 인물이다.

자유학교는 요즘 유행하는 개성교육이나 학력 부진아를 위한 특별학교가 아니다. 자유학교는 19세기말까지 스페인에서 종교적 정치적 도그마로 강요된 교육을 단호히 거부하는 반체제교육이자 아동의 자발성을 최대한 존중하고 자연과의 조화를 찾는 현대적인 교육이었다.

그것은 역사적으로 자유학교의 모델이라고 일컬어지는 서머힐보다도 한 세대나 앞선 것이었다. 서머힐이 아동의 자치를 강조했다면 자유학교는 자유와 자연과의 조화를 강조했다는 점에서 가장 선구적이었다고 할 수 있다.

그러나 다른 자유학교의 설립자들과는 달리 페레는 사형을 당했다. 말하자면 그는 세계사에서 유일한 교육순교자이다. 그는 당시 프랑스에서 유대인이라는 이유로 억울하게 옥살이를 한 드레퓌스에 견주어 '스페인의 드레퓌스'로 불리기도 했다.

나는 오래전부터 페레에 대해 알고 있었다. 하지만 그는 우리나라에서는 물론이고 이 세상에서 그리 알려진 사람이 아니었다. 여러 나라에서 나온 교육사전에도 그의 이름이 없다. 나는 여러 나라에서 그에 대한 자료를 찾으려고 했지만 헛수고일 때가 많았다. 1911년에 출간된 그의 전기중 하나인 윌리엄 아처William Archer의 《프란시스코 페레의 생애, 재판 그리고 죽음 The Life, Trial and Death of Francisco Ferrer》도 절판 상태였고 대부분의 문헌이 구하기조차 어렵다. 맥케이버의 《페레의 순교; 그의 생애와 저술에 대한 진실》도 마찬가지이다.

2001년에 이들의 복간본을 비롯해서 여러 자료를 '우물이있는집' 출판사에서 구해주어 나는 그동안의 갈증을 채울 수 있었다. 페레의 생애와 사상을 제대로 알기 위해서 언젠가는 그 책들 중의 하나가 번역되어야 옳다. 그러나 아처의 책은 1910년대 영국인의 시각에서 씌어졌으며, 특히 당시의 페레의 재판에 초점을 맞추고 있다. 그런데 우리에게 중요한 것은 자유학교를 창시한 교육자로서의 페레가 중요하다. 그 점은 이미 《꽃으로도 아이를 때리지 말라》(2002, 우물이있는집)에서 강조한 바 있다. 이 글은 그 책에 실렸던 평전을 수정, 보완한 것이다.

페레 관련 책들은 페레가 처형당한 뒤 그 부당함을 규탄하기 위해 씌어져서인지 페레의 생애에 대한 서술이 제각각이다. 그래서 객관성이 의심되는 부분도 적지 않다. 그것은 연구자나 작가로서는 몹시 당황스러운 일이다. 더구나 현재의 연구 수준으로 봐서도 그 객관성을 엄밀하게 확인하기도 쉽지 않다. 여전히 내게 남겨진 숙제이다.

나는 페레의 생애에서 객관적이라고 판단되는 내용을 중심으로 집필했다. 그의 전기 일부를 작성하되 이해를 돕기 위해 스페인의 역사와 아나키즘 교육론, 현대 자유학교에 대한 설명을 덧붙였다. 이와 관련해서 특히 참고가 된 책은 머레이 북친Murray Bookchin의 《스페인 아나키스트Spanish Anarchists》였다.

예전 이오덕 선생의 글쓰기운동에 참여하면서 그 회지에 자유교육을 처음으로 소개한 적이 있다. 그러고 많은 세월이 흘렀다. 요즘에는 대안적 공교육을 추진하는 학교도 많으며, 전국 곳곳에서 혁신형 학교들이 속속들이 세워지고 있다. 그러나 우리 교육은 여전히 많은 문제를 안고 있다.

내가 자유교육이라는 것을 처음 소개할 나이에 페레는 자유교육에 투신했다. 그는 지금 우리의 현실보다 더욱 어려웠던 19세기말 스페인에서 자유교육의 깃발을 세웠다. 물론 페레가 순교한 지 100년이 넘도록 그를 추모하는 글 하나를 어디에서도 찾아본 적이 없다. 그는 시대에 앞서 모범을 보여준 위대한 인물이다.

하지만 한 세기 전 페레의 고민은 지금도 교육현장에서 계속되고 있다. 아무쪼록 이 글이 자유교육은 물론이고 교육문제로 고민하는 많은 분들에게 도움이 되기를 빈다.

제1장 근대교육을 향한 노정

1. 아, 바르셀로나

페레의 출생

스페인은 20세기 초까지 왕의 나라였다. 유럽에서 러시아 다음으로 최근까지 왕조가 지배한 나라였다. 18세기까지 스페인에는 마녀재판을 하는 가톨릭의 이단심문소가 있었고, 가톨릭이 교육을 주도했다. 페레의 자유학교(페레는 자유학교의 이념적 바탕으로 '모던 스쿨'을 세웠다. 여기서 말하는 모던 스쿨은 페레가 세웠던 학교의 고유명사)는 그러한 가톨릭에 대한 저항이었고, 그 때문에 그는 사형 당했다. 스페인은 유럽 여러 나라에서 이단심문소가 다 없어질 때까지도 가톨릭을 지키는 하느님의 나라라는 자부심을 지켜온 나라였다.

바르셀로나는 페레가 낳고 자란 곳이며, 그가 최초로 자유학교의 깃발을 꽂은 곳이며, 그가 사형을 당한 곳이다. 그러니 바르셀로나를 빼고 페레를 말할 수 없다. 프란시스코 페레는 1859년 1월 10일, 스페인 카탈루냐의 주도인 이곳 바르셀로나에서 12마일 떨어진 곳에 위치한 아텔라 ^Atella^라는 마을에서 태어났다. 오웰의 《카탈루냐 찬가》로 우리에게 알려진 카탈루냐는 스페인의 동북쪽 끝, 프랑스와 국경을 접한 곳이다. 이 책은 이곳을 무대로 벌어진 스페인 내전을 다루고 있다.

페레의 이름은 프란시스코 페레 이 과디아 ^Francisco Ferrer y Guardia^로 과디아는 그의 어머니 성이다. 최근 에는 우리나라에서도 부모의 성을 함께 사용하는 경향이 있는데, 스페인에서는 전통적인 것이었다. 물론 스페인의 이런 표기는 남녀평등을 위한 것은 아니다.

페레는 카탈루냐 지방에서는 대단히 흔한 성이다. 마치 우리의 김, 이, 박 같은 성이라고 보면 된다. 페레의 부모는 당시 스페인의 민중계층이 다 그랬듯이 작은 포도밭을 가진 가난한 농민이자 경건한 가톨릭 신자였다. 그러니 그의 부모도 페레가 경건한 가톨릭 신자로 좀더 넉넉하게 살기를 바랐다. 하지만 그렇게 믿던 가톨릭에 의해 아들은 사형을 당했고, 그 장소마저도 그가 태어난 곳 바로 옆이었다.

아텔라는 정말 작은 시골 마을이다. 그곳에서는 성당의 사제만이 유일하게 글자를 알았다. 사제의 말은 시골사람들에게 절대적인 힘을 가졌다. 당시 스페인에는 여러 사회적 변화가 일어나고 있었지만 아텔라와는 전혀 상관없는 일이었다. 간혹 자유주의에 대한 소식이 전해진다 해도 신부에 의해 사탄의 짓으로 매도되고 말았다.

당시 스페인은 종교개혁 시대 이전의 면죄부가 버젓이 팔리고 있을 정도로 암흑천지였다. 면죄부의 값은 보통 노동자들의 일당을 훨씬 넘었다. 따라서 빈민들은 구입할 처지가 아니었음에도 불구하고 매주 하나 이상을 구입했다. 교회는 면죄부 외에도 여러 장식이나 도구, 옷, 목걸이 등을 팔아 부를 축적하고 있었다. 무지한 신도들은 그런 것들을 많이 사야만 천당에 간다고 믿었기에 모두들 열심히 사들였다.

페레는 10살까지 아텔라의 초등학교를, 그후 2년간 이웃마을인 태야의 초등학교에 다녔다. 이것이 페레가 다닌 학교생활의 전부이다. 당시 페레가 다닌 학교는 운동장도 없이 작은 교실 하나만 있는 초라한 곳이었다. 교육내용은 철저히 가톨릭 도그마에 입각한 것이었다. 페레가 후에 스페인에 가장 필요한 것이 교육의 혁신이라고 생각하게 된 데에는 이런 유년의 경험도 중요했다. 하지만 당시 카탈루냐는 스페인에서도 가장 부유한 지역에 속했으니 다른 지역의 참담한 교육환경은 짐작하고도 남는다.

'혁명의 6년'

어린 시절, 페레는 자유주의자였던 숙부로부터 강한 영향을 받았다. 페레는 당시 스페인을 지배한 부르봉 왕조에 대항한 혁명가들 중의 한 사람이었던 친척에 대한 이야기에 감동했다. 그후 그는 항상 소수를 위한 권력에 대항해 다수의 행복과 복지를 추구하고자 했다.

페레가 아홉 살이었던 1868년 9월, 왕이 지방에서 피서를 하던 때를 틈타 쿠데타가 발생하였다. 후에 페레가 만나게 되는 소리야 Manuel

Luiz Zonilla가 이끈 쿠데타였다. 그것은 민중혁명으로 확산되었다. 여러 도시와 지방에 혁명평의회가 결성되고 공공건물이 접수되었다. 거리에 쏟아져 나온 민중들은 '부르봉 왕가를 타도하라'고 외치며 그 행렬은 스페인의 '라 마르세유'라고 불리는 '리에고 찬가'를 불렀다. 이 정변이 '9월 혁명'이다. 이사벨라 2세가 축출 당하여 프랑스로 망명하자 아홉 살인 페레도 민중들의 환호가 들끓는 축제에 참여했다. 여왕의 축출은 170여년간 지속된 스페인 부르봉 왕조의 소멸을 의미했다. 그것은 무혈로 군주를 타도한 것이어서 뒤에 '명예혁명'으로 불렸고, 그후 6년을 '혁명의 6년'이라고 했다.

그러나 그 뒤의 정치 프로그램이 전무했다. 혁명 세력 사이에서는 신체제의 구축을 둘러싸고 끝없는 분열이 이어졌다. 당시 온건파는 입헌군주제적 개혁만을 주장한 반면 공화파는 더욱 근본적인 사회개혁을 주장하고 있었다. 그 싸움은 온건파의 승리로 끝이 났다. 집권한 온건파는 공화파 민중들을 억압하기 시작했다. 하지만 민중의 혁명적 열정은 쉽게 수그러들지 않았고, 특히 노동자들의 경우에는 더욱 그러했다.

이듬해인 1869년 1월 제헌의회 선거가 치러졌다. 스페인 역사상 첫 보통선거로 치러진 이 선거에서 온건파는 제1당이 되었고 입헌군주제 헌법을 제정했다. 공화파는 고작 의회의 4분의 1을 차지했다. 격분한 공화파는 노동자들을 동원하여 왕제 타도와 공화국 수립을 요구하며 봉기했다. 그러나 지도자도 조직도 없는 봉기는 실패할 수 밖에 없었다. 현실파는 당시 이탈리아 왕의 아들을 새로운 스페인 왕으로 추대했지만 3년 집권으로 막을 내렸다.

이 시점에서 가장 주목할 만한 것은 노동운동의 조직화, 이론화이다. 온건파든 공화파든 정권을 잡으려면 노동자를 이용해야만 했다. 하지만 노동자들 사이에는 정권을 잡은 뒤에 공약을 배신하는 자유주의 정부에 대한 불만이 널리 퍼져 있었다. 이런 상황에서 노동자들은 자기 계급을 위한 독자적인 운동을 전개하기에 이른다. 이 1868년을 기점으로 해서 스페인 노동운동이 근본적으로 변화하기 시작했던 것이다.

그해 바쿠닌의 제자인 러시아 출신의 아나키스트 파네리가 스페인에 도착했다. 그는 협동조합적 노동운동 조직을 비롯하여 당시 사회주의자의 국제조직인 제1인터내셔널에 가입하기를 권유했다. 그 이듬해 노동조합 대표 89명이 참가한 최초의 바르셀로나 대회에서 제1인터내셔널 가입을 결의하고 스페인 지방연합이 결성된다.

정부가 그것을 비합법이라고 선언하고 탄압했음에도 불구하고 인터내셔널 스페인 지방연합에는 1년 만에 카탈루냐 지방의 공장노동자와 안달루시아 지방의 농업노동자 수천 명이 가입한다. 스페인 같은 농업국에서는 과학적 사회주의를 표방하는 마르크스주의보다 아나키즘이 더욱 설득력 있었기 때문이다. 즉 스페인 민중의 소박한 반국가주의에 대한 동경, 정치적 편의주의에 대한 불신과 증오 등이 아나키즘과 맞아떨어진 것이었다. 게다가 아나키즘의 금욕주의나 채식주의도 그들과 맞았다.

1873년 9월 3일 영국의 〈타임〉지는 당시 아나키스트 국제회의에 참석한 스페인 대표의 말을 빌려 스페인 아나키스트가 30만 명을 넘었다고 보도하고 있다. 그것은 분명 과장된 것이었으나, 아나키즘 운동이 불과 몇 년 사이에 크게 확대되었음을 간접적으로 알 수 있다. 제1인터내셔널에서 바쿠닌과 대립한 마르크스는 스페인에서의 이러한 변화에 위협을 느껴 자신의 사위인 쿠바 출신 라파르그를 스페인에 파견하여 스페인 지방연합에서 탈퇴한 노동자들을 모아 '마드리드 신연합'을 조직했다.

이런 상황에서 1873년 2월 공화국을 선언하고 최초의 대통령이 취임했다. 제1공화국 – 1931년의 공화국과 구별하기 위해 그렇게 부른다 – 은 불과 11개월 만에 끝나고, 그 사이에 4명의 대통령이 교체되는 혼란을 겪었다. 그해 5월 총선에서 공화파가 다수를 차지하고 연방공화국이 선언되었다. 대통령인 마르가르는 프루동의 책을 번역한 아나키스트였다.

한편 아나키스트들의 요구는 더욱 격렬해지고 있었다. 6월에는 안달루시아와 지중해 연안 지역에서 자치구가 설립되었고, 완전한 자치를 요구하는 자치주의자의 반란이 국토의 3분의 1까지 이어졌다. 바르셀로나와 북부 공업지대에서는 노동쟁의가 끝없이 이어졌다. 그러나 그 결과는 이론적 동지였던 아나키스트 대통령 마르가르를 하야시키고 보수적인 탄압정권의 수립과 쿠데타, 그리고 부르봉 왕조의 부활을 초래했다. 1868년 자유주의자들의 반란으로 1869년 다시 헌법이 채택되어 수립된 제1공화국이 1년을 넘기지 못하고 붕괴된 것이다. 그렇게 '혁명의 6년'은 끝났다.

스페인 아나키즘

앞서도 말했듯이 스페인에는 19세기 중엽부터 아나키즘이 전파되었다. 스페인의 산업지역에서 노동계급의 대다수는 사회주의가 주장하는 조직의 필요성을 거부하고 아나키스트를 자처하였다. 이는 당시 다른 나라에서 사회주의가 뿌리내린 것과 대비되는 스페인만의 특징이었다.

왜 스페인에서 그러한 일이 일어났는가를 설명하기란 쉽지 않다. 하지만 다음 몇 가지 이유를 생각할 수 있다.

첫째, 노동자가 사회의 복잡한 메커니즘에 대한 명확한 관념을 형성하고 지도적인 지식에 절대적으로 의존하기에는 너무나도 무지했다. 둘째, 스페인 사람들은 새로운 사상에 눈뜰 때 이상주의적 몽상에 젖는 경향이 있다. 흔히 스페인의 정신풍토 중 하나로 관념주의가 지적되는 것도 이와 무관하지 않은데, 이는 오랜 가톨릭 전통에서 비롯된 것이기도 했다. 셋째, 이것이 가장 중요한 이유인데 고도로 중앙집중화된 권력에 의해 매일 고통당한 민중은 중앙집중적 조직을 혐오하여 아무런 시스템이 없는 대안을 모색하였다.

그러나 스페인의 아나키즘이 폭력적이었다는 스페인정부의 주장은 명백한 오류다. 스페인 노동계급은 정치이론으로서의 아나키즘과 테러리즘을 분명하게 구별했다. 아나키스트는 거대한 정치세력을 형성했으나 테러 집단은 극소수에 불과했다.

노동, 결혼 그리고 정치활동

제1공화국이 무너진 1874년, 15세의 페레는 고향 부근의 옥수수 상점에 취직했다. 페레는 반가톨릭 사상을 갖고 있던 상점 주인에게 깊은 영향을 받았으며, 공화주의에 열정을 갖는 자유사상가로 성장할 수 있었다.

페레가 14살이 되던 1873년에 스페인 최초의 공화국이 수립되었으나 2년 뒤 왕정이 복귀했다. 이어 1876년에 제정된 헌법은 입헌군주제를 표방하고 제한선거제를 규정하고 있었으나 필요하면 정부가 헌법을 정지할 수 있는 권한이 부여된 것이어서 사실 종이쪼가리에 불과했다.

이 타협적인 헌법에 의해 스페인에 입헌군주제가 수립되고 결사법, 배심재판법, 민법, 보통선거법 등의 자유주의적 입법이 제정되었다. 결사의 자유를 얻자 아나키즘 운동진영은 '스페인지역 노동자연합'으로 재출발하여 1911년에는 스페인 최대의 노동조합인 '전국노동연합CNT'을 결성했다. 또한 1879년과 1888년, 스페인사회노동당POSE과 그 산하 노동조합인 노동총동맹UGT도 결성되었다.

세기말은 스페인으로서는 가장 불행한 시기였다. 1898년 미국과의 전쟁으로 쿠바와 필리핀 등을 상실한 스페인에는 환멸과 몰락이 엄습했다. 그 결과 민족주의가 강화되어 마르크스주의가 크게 신장하는 반면 반민족적 국제주의를 주장하는 아나키즘은 쇠퇴했다. 노동총동맹은 2년 사이에 조합원이 6천명에서 2만6천명으로 급성장했고 아나키즘 조직도 노동운동이 아닌 정치투쟁으로 방향을 전환했다.

20살 무렵 페레는 마드리드와 사라고사 등의 철도회사에 근무했고, 그 직후 기차에서 만난 한 여인과 결혼했다. 당시 그는 공화주의자이자 반가톨릭주의자로서 자유사상가들과 정치적 모의를 도모한 프리메이슨에 가담하여 열렬한 행동주의자로 활동하고 있었다. 당시에 그는 가족과의 인연을 끊었다.

열차 검표원이 된 그는 프랑스 국경과 바르셀로나 사이를 왕복하면서, 당시 제네바에 수감되었던 공화파 지도자인 소리야와 스페인 공화파 사이의 연락원이 되었다. 소리야는 아마데오^{Amadeo}(1868년 9월 스페인 혁명이 일어나 이사벨라 2세가 망명하자 프림을 수반으로 하는 임시정부는 의회를 소집하여 군주제 재건을 위해 국왕 후보를 물색했다. 레오폴트를 옹립하려고 했으나 성공하지 못하고 1870년 이탈리아 왕 비토리오 에마누엘레 2세의 아들인 아마데오가 즉위했다. 당시 스페인은 공화주의자와 보수 반동주의자가 단결하고, 군주제 지지자들은 급진파로 분열되었기 때문에 그는 별다른 성과 없이 1873년 2월 11일 이탈리아로 돌아갔다.) 정부의 공보장관을 지낸 급진적인 공화파로서 페레를 주목하여 연락을 맡겼다. 산타 콜로마에서 공화파의 반란이 터졌을 때 페레는 중요한 연락책이었다. 또한 그는 정치적 망명자를 프랑스로 보내는 위험한 일을 하기도 했다.

공화파의 연락과 밀항을 지원하는 일은 페레가 검표원을 그만두고 파리에 정착한 1886년까지 7년간 이어졌다. 그해 9월, 페레는 카탈루냐에서 터진 반란에 참여했기 때문에 파리로 망명하지 않을 수 없었다. 그 반란을 끝으로 반세기 동안 지속된 공화파의 저항은 중단되었다. 소리야도 그전 해인 1885년 스페인 공화당으로부터 축출당해 파리로 탈출했다.

20대 초반의 청년답게 페레가 행동주의자로 활동한 경력은 20여 년 후 그가 재판을 받게 되었을 때 검찰 측 기소의 중요한 근거가 되었다. 그러나 그 기소는 상식에 어긋나는 것이었다. 20대 초반 이후 20여 년 동안 그는 행동주의자이기를 포기했고 자유교육의 이념에 투철한 사상가이자 실천가로 살았기 때문이다.

그의 행동이 열혈 청년의 단순한 객기 어린 것이었다고 볼 수는 없다. 당시로서는 정부형태의 변혁을 위한 정치적 운동 이외에 페레가 택할 수 있는 다른 방법은 없었다. 그래서 그는 공화국 선전에 몰두했다.

그것은 당시 스페인의 정치적 상황에서 매우 자연스러운 행동이었고, 페레뿐 아니라 많은 자유주의자들이 선택한 길이었다. 그러나 그 후 15년간 파리에 살면서 그는 스페인어 교사로 일했고, 이어 자유교육의 실천가로서의 삶을 살았다.

청년 페레의 불만

페레는 20대 초반 스페인과 파리에서 소리야를 통해 수많은 스페인 혁명가와 프랑스 정치운동가들을 만났다. 그러한 만남을 통해 그가 인간과 사회 그리고 혁명에 대한 깊은 성찰을 얻은 것이 틀림없다.

그는 《모던 스쿨의 기원과 이상》에서 "많은 혁명가들에게서 은폐된 위선과 이기주의를 발견하였다. 반면 그들 중에서 보다 진실한 사람들에게서는 불충분한 이상을 보았다"고 회고했다. 그리고 그 누구로부터도 "현재의 이 무질서의 근본적인 원인에 접근해서 완전한 사회적 개혁을 이루어낼 수 있는 구도를 찾지 못했다"고 말했다.

혁명가들이 위선적으로 은폐한 이기주의는 페레가 20대를 보내고 있던 스페인만이 아니라 어느 나라에서도 언제나 볼 수 있는 현상이었다. 당시의 혁명가들은 그들이 반대하는 부패한 정치가들과 마찬가지로 공화국을 세운 후 그들이 차지할 권력에만 몰두했다. 즉 대통령, 장관, 그리고 위원회 위원과 같은 고위직 쟁탈에만 혈안이 되어 있었다.

그런 점에서 페레는 당시 혁명가보다도 민중에게 더욱 강한 애착을 가지고 있었다. 페레가 보기에 그들은 이상을 갖지 못하고 고단한 현실에 찌들어 있었다. 그런 민중의 전형을 페레는 자신의 부모와 고향 사람들에게서 발견했다.

당시 도시에 사는 시민들은 상당히 민주화되어 있었다. 군국주의자들까지도 국회에 시민이 선출한 대표를 보내는 것에 동의할 정도였다. 또한 빵값의 인하를 요구하는 집회를 열기도 했고, 여러 성토대회도 열었다.

그러나 페레가 보기에 그것은 근본적인 개혁이 아니라 미봉책에 불과했다. 군국주의자들과 귀족 그리고 성직자와 부자는 호화와 사치를 구가하면서 시민들을 억압하고 있었다. 그런데도 시민들은 알량한 선거권에 만족하고 있었다. 불의의 특권을 제거하기 위한 세력을 결집하기는커녕 소모적인 모임에서 불만을 일삼고 있을 뿐이었다.

이런 상황에서 페레는 보다 근본적인 사회개혁을 꿈꾸었다. 20대 초반의 그는 아직 정치개혁에 몰두했으나, 그것이 결코 근본적인 개혁이 되지 못한다고 생각했다. 근본적인 개혁은 민중교육에 대한 보다 깊은 통찰에 의해서만 가능했다. 그의 망명지 파리는 그 길을 보여주었다.

2. 파리에서 길을 보다

파리의 교육실험

페레는 20대 후반부터 40대 초반까지 16년을 파리에서 살았다. 망명한 외국인이 늘 그렇듯 파리의 생활은 가난과 고통의 나날이었다. 처음에 그는 포도주 거래를 했고 뒤이어 퐁네프 다리 근처에 작은 식당을 열었다. 1889년 이후에는 소리야의 무급 비서로 일하면서 스페인어 교사로 밥벌이를 했다. 그후 필로테크닉 협회와 그랑 오리엔트에서 스페인어 교사를 지냈다.

교사로서의 활동은 이 망명가에게 단순한 밥벌이 이상의 의미를 지니고 있었다. 페레는 그 활동을 통하여 남을 가르치는 일이 자신에게 너무나도 적합한 천직임을 깨달았다. 그래서 그는 파리에서 다양한 민중교육 활동에 종사했고, 그 대부분은 사실상 무료였다. 특히 당시 프랑스에서 실험하고 있던 자유교육에 큰 관심을 기울였다.

진전이 매우 느리고 인내를 요하는 교육활동을 하면서, 스페인에 급격한 정치개혁이 필요하다고 본 그의 종래 신념이 조금씩 변하기 시작했다. 혁명을 통한 변혁 이전에 그 변혁을 영구적으로 실현하려면 교육적 계몽을 통한 지속적 변화가 필요하다는 새로운 인식이 자리 잡기 시작했다.

이러한 변화는 그의 오랜 혁명동지였던 친구에게 "세월은 그 형성을 돕는 일만을 존중한다"고 말한 것에서도 알 수 있다. 특히 1895년 소리야가 죽고 난 뒤 그런 생각은 더욱 굳어졌다. 페레는 소리야의 비서를 지내면서 언제나 그의 주변에 있었지만, 소리야를 둘러싼 다른 사람들과는 반목했다.

소리야를 둘러싼 스페인혁명가들은 소리야를 이용하려는 기회주의자들, 말만 화려한 급진주의자들이었다. 당시의 프랑스 공화주의자들도 프롤레타리아에게 적대적인 중산층이었고 그것을 본받은 스페인혁명가들도 그런 부르주아적 사고에 젖어 있었다.

그렇다고 해서 페레가 톨스토이와 같은 무저항주의에 빠진 것은 아니었다. 페레는 스페인에 민중교육을 도입하는 것이 바로 가장 중요한 혁명이라고 생각했다. 그는 민중이 권력에 무조건 복종하지 않도록 하기 위해서 어린 시절부터 교육이 필요하다고 주장했다. 그들은 양심적으로, 지성적으로, 지속적으로 저항하도록 교육되어야 했다. 그는 학교가 복종을 강요하는 것은 문제가 있다고 비판했다.

페레는 민중이 단순히 그들의 고통이나 착취에 대해 더욱 첨예하게 인식하기를 바란 것이 아니라, 보다 용의주도하게 그들의 비참함에 책임을 져야 할 성당과 국가의 착취 시스템을 제거하는 데에 계몽된 의식이 이용되기를 바랐다. 페레는 그들이 자유롭게 되기 위해 스스로 선택해야 할 수단에 대해서는 고려하지 않고 교육 자체에만 관심을 기울였다.

페레는 학생들과 스페인의 정치, 경제, 사회, 철학 등 여러 주제를 논의했다. 그것은 페레 자신의 주장을 강요하고자 한 것이 아니라, 학생들의 의존적 판단을 바로 잡아주고자 하는 노력이었다. 그리하여 학생들에게 자신의 판단을 어떤 학파, 당파의 교조에 굴복시키는 것이 부당하다는 점을 보여주려고 했다.

그런 식으로 페레는 서로의 신조와 견해가 타인과의 합의를 이루는 데 성공하고, 동시에 아무런 의심 없이 신앙, 복종, 하찮은 나태함에 지배되었던 신념을 극복할 수 있도록 했다. 독립적 판단에 근거한 엄격한 논리로 지적인 조화를 확보하며 진보적인 의지를 형성하게 만들었다.

철학적 아나키스트

파리에서 페레는 스페인 혁명세력인 공화파들과 연대하기는 했으나, 폭탄을 투척하는 폭력주의자들과는 무관하게 살았다. 페레는 파리에서 스페인 아나키스트의 시조로 불린 로렌조Anselmo Lorenzo에게 영향을 받아 새로운 길을 가게 되었다. 로렌조로 인해 페레는 아나키즘에 기울었고 그로 인해 교육의 중요성을 더욱 절실하게 깨달았다. 그후 페레는 공화주의자로서의 정당정치 활동을 그만두었다.

그는 평생 철학적 아나키스트, 즉 아크라타 acrata라고 조심스럽게 말했는데 그것은 스페인에서 아나키즘이 특히 위험시된 탓이었다. 당시의 그가 로렌조를 통하여 레클뤼나 크로포트킨 등의 아나키즘 저작을 읽었으리라고 쉽게 짐작할 수 있다. 페레는 그들과 함께 국가적으로 중앙집권화된 행정을 최대한 분권화시킬 필요가 있고, 그럼으로써 개인에게 자유를 최대한 보장하는 것이 가장 이상적인 사회라고 믿었다.

그러나 어떤 아나키스트의 말처럼 당시 페레는 "공화주의자에 대해 그는 아나키스트였다. 그러나 아나키스트에 대해 그는 공화주의자였다." 이는 직접적 행동보다도 교육을 통한 점진적 개혁을 그가 믿었기 때문이다.

세기말 스페인에서는 아나키즘에 대한 대대적인 탄압이 벌어졌다. 그 결과 1896년, 노동조합연맹과 연대가 해산되고 아나키즘 조직이 급격히 와해되었다. 많은 노동자들이 몇 년 전 가입한 아나키즘 조직에서 빠져나갔다. 예컨대 1880년대까지 코르도바 지방에는 대규모의 조직이 있었으나 1893년 5월 1일 노동절 행사에는 겨우 몇 명만이 참여했다. 그리고 그 다음해 노동절 행사에서는 행진조차 할 수 없게 되었다.

그런 상황에서 아나키스트 지도자들은 테러리즘에 반대하는 발언을 했다. 이미 1891년, 크로포트킨은 "혁명정신의 발전은 영웅적인 개인행동으로부터 많은 것을 얻지만, 혁명이 성취되는 것은 결코 그런 영웅적 행동에 의해서가 아니다"라고 경고했다. 종래 '행동에 의한 운동'을 지지했던 대다수 저명한 아나키스트들은 직접 행동이라는 전술적 형태인 테러리즘을 포기했다.

한편 세기말 아나키즘은 지식인 사이에서 새로이 뿌리를 내리기 시작했다. 예컨대 바스크 출신의 저명한 소설가 피오 바로야 Pio Baroja와 화가 파블로 피카소 Pablo Picasso를 비롯한 많은 예술가와 지식인들이 아나키즘 운동에 참여했다. 당시 가장 유명한 아나키즘 이론지인 〈사회개혁 La Revista Social〉이 1896년 창간되어 여러 대학의 교수와 학생, 예술가, 과학자들이 기고한 글을 사람들이 읽었다. 테러리즘의 실패로 환상에서 깨어난 많은 사람들은 그들의 목표를 달성하는 데에는 교육이 무엇보다도 중요함을 강조하기 시작했다. 페레는 바로 그런 아나키즘을 파리에서 접하고 받아들이게 되었던 것이다.

드레퓌스 지지자가 되어

페레의 파리 활동 중 가장 주목되는 것은 그가 뒤레퓌스 사건 당시 드레퓌스 지지자였다는 점이다. 그는 아마도 자신이 뒤에 '스페인의 드레퓌스'로 불리게 될 줄은 꿈에도 생각지 못했을 것이다.

드레퓌스 사건이란 널리 알려진 대로 유대인 장교 드레퓌스가 1894년 10월, 군사정보를 독일측에 유출한 범인으로 무고를 당해 투옥되자 에밀 졸라를 비롯하여 자유주의 지식인과 시민들의 반대로

1906년 무죄가 선고된 사건이다.

뒤에서 보게 될 페레의 재판처럼 드레퓌스를 유죄로 인정할 증거는 빈약했다. 당시 보수파는 정치적 권위와 국내 질서, 대외적 애국행위를 대표하는 군대의 명예를 지키려고 사건을 조작했다. 보수파는 자신들만이 진정한 애국자라고 자처하며 자신들의 광신적 애국주의를 비판하는 자들을 '나쁜' 프랑스인이라고 비난했다. 그들은 평등주의를 주장하는 공화정의 가치를 부정하고, 신비주의적인 가톨릭과 폭력 그리고 전쟁의 영광을 선호했다. 특히 종교와 조국의 영적인 결합에 대한 상징으로 잔 다르크가 숭배되었다.

프랑스보다 더욱 보수적인 스페인의 가톨릭을 경험한 페레는 드레퓌스 지지운동에 참여했다. 망명자이자 스페인어 교사에 불과했던 페레는 그 운동의 전선에 직접 나서지는 못했지만 적극적인 심정적 지지자였다.

페레는 제2인터내셔널에 스페인 대표로도 참가했다. 1866년 제네바대회를 시작으로 제1인터내셔널은 1876년 보불전쟁이 터지기까지 활발한 활동을 보여주었으나, 1872년 헤이그대회에서 바쿠닌 등의 아나키스트를 제거함으로써 실질적인 종말을 맞았다.

그후 1875년의 독일을 비롯하여 1877년 미국, 1880년 프랑스, 1888년 영국 등에서 사회주의 정당이 속속 창설됨에 따라 노동조합과 협동조합 운동도 활발해졌고, 사회주의의 새로운 국제조직인 제2인터내셔널이 1889년 파리에서 창립되었다. 페레는 스페인 대표로 참여했으나, 이미 제1인터내셔널에서부터 소수파의 지위를 면치 못하고 있던 아나키스트였기에 적극적으로 참여했다고 보기는 어렵다.

불행한 결혼생활의 끝

드레퓌스 사건이 터지기 몇 달 전인 1894년 6월, 페레는 〈피가로〉 지의 기사로 별안간 유명해졌다. '어느 여인의 복수'라는 제목의 충격적인 사건 보도였다. 네 아이를 가진 페레의 부인이 자신과 자녀를 버린 페레에게 복수하기 위해 세 발의 총탄을 발사했다는 것이었다. 그 신문은 이어 '불행한 어머니'라는 제목으로 부인의 이야기를 실었다. 10년에 걸친 페레의 결혼생활은 불행했다. 그의 부인은 가난과 고통 속에 생활하면서 어쩔 수 없이 외국의 친지에게 자녀들을 보낼 수밖에 없게 되자 격분하여 사건을 저지른 것이다. 여하튼 그 결혼생활은 그렇게 불행하게 끝났다. 당시 스페인에서는 이혼이 금지되었기에 페레는 그녀와 이혼할 수 없었으나, 그녀는 딸과 함께 러시아 귀족을 따라 우크라이나로 떠났다.

페레는 1899년부터 파리의 자유사상운동가였던 부유한 교사인 보나르Leopoldine Bonnard와 사실혼 관계를 시작했다. 그들 사이에서 아들인 리에고Riego가 태어났다. 이러한 페레의 사생활은 당시 사회에서는 비정상적인 것으로 여겨졌고, 그것은 그의 정치적 지지자들에게 불신을 초래하는 요인이 되기도 했다.

당시 페레는 교육의 필요성을 절감했지만, 특히 총격사건 이후 그는 스페인 사람 절반 이상이 문맹 상태에 있고 교육기관이 있어도 그 교육방법과 교육정신이 그릇되기 짝이 없는 현실에서 정치혁명은 성공할 수 없다고 믿고 교육운동에 투신하겠다고 결심했다.

뫼니에와의 만남

스페인에서 새로운 학교를 세우는 1901년까지 페레는 파리에서 줄곧 스페인어 교사로 지냈다. 그 제자 중에는 뫼니에 부인과 그녀의 딸인 음악가 잔이 있었다. 그들은 여행을 좋아하였고 스페인을 여행하기 위해 페레에게 스페인어를 배우게 되었다. 그후 모녀는 스페인을 여행했는데 그곳에서 뫼니에 부인이 죽고 페레에게 총격사건도 벌어지자 잔과 페레는 멀어졌다.

독실한 가톨릭 신자였던 잔은 종교문제를 비롯하여 여러 가지로 페레와 달랐다. 가톨릭이 곧 도덕이었던 그녀에게 신을 믿지 않는 것은 죄악이었다. 그녀는 혁명을 싫어했고, 민중을 충동적이고 무분별하며 무지한 존재라고 혐오했다. 이는 그녀가 1871년 코뮌 시절 거리에서 아이들로부터 모욕을 당한 경험에서 비롯되었다.

그녀와 페레는 의견이 달랐으나, 페레는 다른 학생들을 대하는 것과 마찬가지로 그녀에게도 자신의 사상을 강요하지는 않았다. 그래서 그녀는 페레를 신중한 설득자로 보고 페레와 대화하기를 즐겼고 점점 페레의 의견에 동조하게 되었다. 그들은 함께 여행하면서 많은 대화를 나누었다. 그녀는 가톨릭을 믿지 않는 사람이 사악하며 모든 무신론자가 범죄자라고 생각한 것이 잘못이었음을 깨달았다.

1895년 소리야가 죽은 뒤 페레는 잔을 만났다. 그녀는 다시 스페인어를 배우고 싶어 했다. 그녀는 스페인을 여행하며 목격한 비참한 교육현실에 분노하여 페레의 교육관과 그가 세우려고 하는 자유학교의 이념에 공감하기 시작했다. 즉 합리적이고 과학적인 교육이 아동을 몽매로부터 보호하고, 선행을 하도록 고무하며, 정의에 입각하여 사회를 바라보게 한다고 확신하게 되었다. 그래서 코뮌 시절, 그녀를 모욕한 아이들과 같은 환경에서 자랐다면 자신도 그들과 같았을 것이라는 사실을 깨달았다.

1900년에 죽은 그녀는 유언에서 페레에게 매년 1천2백 파운드의 수입을 보장하는 저택을 교육사업을 위한 기금으로 남겼다. 그러나 가톨릭 측 신문은 페레와 그녀의 관계를 불건전한 것으로 매도하며 격렬하게 비난하였다. 그러나 보도내용은 사실과 달랐다. 페레는 잔이 남긴 유산으로 1901년 '모던 스쿨'을 세웠으니 유지를 잘 따랐다는 말이 된다.

파리의 근대학교들

페레가 파리에 오기 훨씬 전에 루이즈 미셸Louise Michel이 세운 근대적 학교가 있었다. 아나키스트 혁명가였던 그녀는 사생아로 태어나,

파괴적인 제도라고 본 부르주아 학교에 대항하여 몽마르트에 프랑스 최초의 자유학교를 세웠다. 그러나 이 학교는 그녀가 민중운동에 참여하여 투옥되자 폐쇄되었다.

그녀는 1870년 보불전쟁이 터지자 간호사로 종군했고 1871년에 파리코뮌의 민중혁명을 지도하다가 체포되어 1880년까지 유형을 살았다. 귀국한 뒤 빵상점 습격을 지도하여 1883년 다시 1년형을 선고받고 복역하다가 1886년 사면되어 런던에서 선전활동을 했다. 1895년 귀국한 뒤에도 혁명활동을 계속하다가 1905년에 죽었다.

파리 체류 기간 동안 페레는 미셸을 만날 수 없었다. 1886년부터 10년간 미셸은 런던에 있었기 때문이다. 미셸이 파리로 돌아온 뒤 페레와 만났을 가능성은 있지만 두 사람이 만났다는 기록은 어디에도 없다. 그러나 페레는 미셸을 알았고, 특히 몽마르트의 학교에 대해서도 잘 알고 있었을 것이다.

미셸의 학교 이후에도 많은 근대적 학교가 생겨났다. 그중에서 페레의 관심을 끈 것은 폴 로뱅Paul Robin(신멜서스주의 운동의 가장 저명한 인물이다. 바쿠닌과 함께 추방되기 전까지 로뱅은 제1인터내셔널에서 마르크스, 엥겔스 지지자였다. 바쿠닌의 영향을 받은 로뱅은 스위스, 런던을 거쳐 다시 프랑스로 돌아와 셈퓌에 자유학교를 세우고 모든 힘을 쏟았다. 불행히도 이 자유학교는 1894년 좌우 양 세력의 공격을 받아 폐쇄되었다.)이 세운 파리 근교의 셈퓌Chempuis 학교였다. 로뱅은 당시 사회적 문제가 된 불량아에 대해 그들이 유전에 의해서가 아니라, 경제적 사회적으로 불우한 환경 속에서 자랐기 때문이라고 생각했다. 그래서 그런 환경이 적절하게 갖추어지고, 자연의 자유를 만끽하며, 적당하게 운동을 하고, 사랑과 동정심을 배우며, 아동이 필요로 하는 것을 깊이 이해해주면 범죄를 저지를 가능성이 없어지리라고 판단했다.

로뱅의 교육은 낡은 오두막이나 고아원 또는 교화소와 같은 어두운 사회적 그늘에서 행해졌다. 그리고 그곳 아이들을 셈퓌로 데려갔다. 아름다운 자연과 더불어 아이들은 자유롭게 생활하며 사랑과 이해를 배우고, 자립적이고 자유를 사랑하는 사람으로 성장했다.

그러나 셈퓌 학교는 당시 프랑스에서는 금지된 남녀공학을 실시했다는 이유로 폐쇄 당했다. 그러나 이미 실천된 자유교육은 당시의 교사들은 물론 일반 시민에게도 새로운 교육의 가능성을 가르쳐주었다는 점에서 중요한 의미를 지닌다. 기존의 권위주의적인 교육체제는 조금씩 무너지기 시작했다.

셈퓌 학교가 폐쇄된 뒤에도 새로운 학교는 계속 설립되었다. 그중에서도 특히 세바스티안 포레Sebastian Faure가 만든 벌집 모양의 학교 '라 루쉬La Ruche'가 유명했다. 이 학교가 세워진 곳은 본래 황무지였으나, 몇 년 사이에 정돈된 농장으로 변하고, 수많은 식물이 자라는 정원과 과수원이 되었다.

포레는 아이들이 물질적으로 궁핍하지 않고, 위생적이며 지적인 분위기에서 생활한다면 반드시 건강하고 자유로운 인격체로 성장한다고 믿었다. 그가 처음 교육한 아이들은 고아거나, 부모가 있어도 몹시 가난한 집안 출신들이었다. 포레는 개인 재산을 털어 아이들에게 숙식을 제공하고 교육을 시켰다.

교육과정은 나이에 따라 구분되었다. 12세까지는 건전하고 기초적인 교육을 받았고, 12세에서 15세까지는 취미와 능력에 따른 직업교육을 받았다. 그후에는 희망에 따라 학교를 떠나거나, 되돌아왔다. 되돌아오는 경우 아동의 노동이익을 3등분하여 각각 기본비용, 신입생을 위한 숙식비, 개인 용도로 사용하도록 했다.

포레의 교육은 짧은 시간 동안, 학생들이 흥미로워하는 것을 중심으로, 교육과 아이들에 대한 교사의 애정 어린 이해와 보살핌을 중심으로 이루어졌다. 아이들은 일반 학교의 아이들이 얻기 어려운 공부에 대한 애정, 알고자 하는 욕구를 얻었다. 그리고 아이들은 상상력을 이용한 새로운 공부법을 배웠다.

또한 관찰과 조사, 성찰의 중요성이 강조되었다. 아이들은 지식을 맹목적으로 받아들이지 않고, 자신의 의문이 해결될 때까지 만족하지 않는 습관을 들였다. 그래서 불완전하고 불충분한 해결책에서 생기는 의혹이나 공포로부터 해방되었다.

이러한 '라 루쉬'의 교육법은 뒤에서 보듯이 페레의 자유학교에 그대로 적용되었다.

아나키즘의 교육사상

페레가 파리에서 아나키스트로 거듭나는 과정을 객관적인 증거를 통해 추적하기는 어렵다. 그가 파리에서 어떤 아나키즘 서적을 읽고 아나키스트들과 접촉했는지를 자세히 알 수 없기 때문이다. 그러나 페레가 파리에서 15년의 세월을 보내며 당시 지식계의 주류였던 아나키즘을 잘 알았고, 그것이 그의 자유교육 설립의 밑거름이 되었음은 충분히 짐작할 수 있다.

자유교육은 오랜 사상의 뿌리를 갖는다. 평화주의와 국제주의 아니 무엇보다도 자유와 평등을 신봉하는 민주주의사상에서 그 뿌리를 찾을 수 있다. 자유교육의 전통은 루소로부터 시작된다고 할 수 있지만, 본격적인 자유교육의 뿌리는 아나키즘이다. 흔히 아나키즘을 무정부주의라고 부르지만, 그보다는 자율주의라고 부르는 것이 더욱 정확하다. 그것은 국가주의와 대립된다.

아나키즘은 개인의 자율성을 증진시키는 사회체제의 개발에 관심을 가지므로 권위에 의해 그 자율성을 파괴하는 교회와 국가를 부정하고, 대표민주제를 포함한 특권계층을 위한 정치체제가 착취를 정당화하는 정치적 이익의 수단임을 주장한다.

자율성은 자신의 행동선택에 책임을 지는 것을 뜻한다. 자율성은 강요된 도그마로부터 해방되어 자유로운 선택을 할 수 있음을 뜻한다. 따라서 개인을 일정한 방향으로 만들려고 하는 모든 사상이나 제도가 거부된다.

그런 의미에서 아나키즘이 부정하는 국가에는, 개인의 자율성을 다수나 그 대표에게 위임하는 민주국가도 포함된다. 국가주의 교육은 그 통제권을 쥔 사람들의 정치적 경제적 이익을 위해 봉사하는 교육이다. 교육은 기존제도를 지지하고 유지하기 위해 국가가 시민의 성격과 의지를 방향 짓고 조작하기 위하여 이용하는 권위의 무기이다. 파리에서 페레가 읽은 아나키즘 사상가인 윌리엄 고드윈William Godwim, 막스 슈티르너Marx Stirner, 톨스토이, 크로포트킨 등의 결론은 간단하다. 예컨대 톨스토이는 학생들이 배우고 싶어 하는 것을 자유롭게 배우도록 해야 한다고 주장했다. 그리고 그 본보기로서 박물관 견학과 공개강연을 들었다. 그것은 계획적 프로그램이 없고 교사는 자신이 원하는 것을 가르치되 학생들의 요구에 의해 조정될 수 있는 교육이다.

고드윈의 교육사상

아나키즘 교육사상의 효시라고 할 수 있는 고드윈은 공교육 초창기인 1793년《정치적 정의》에서 교육의 국가화에 대한 비판을 최초로 시도했다. 그는 국가에 의한 여론조작의 기초를 국가숭배를 전제로 하는 국가교육제도에서 찾고 그것은 저지되어야 한다고 주장했다.

"청년은 자주적으로 진리에서 연역한 것과 일치하는 한도 내에서만 헌법을 준수하도록 교육되어야 한다."

그는 소규모의 토론집단과 같은 작고 독립된 학교가 바람직하다고 보았으며, 개인교육의 우월성을 주장했다.

고드윈은 본격 교육론인《탐구자: 교육, 의례, 문학에 관한 성찰》에서 루소의《에밀》에 대해 언급한다.《에밀》은 아동의 자발성을 존중하여 성인의 적극적인 명령이나 지시를 부정하지만 사실은 그 자발성이

성인의 숨겨진 통제에 의해 조작되는 것이라고 하는 점에서 기만적이고 허위적이라고 비판했다. 그는 교육의 목적이 성인의 의도대로 아동에게 학습을 강제하거나 아동을 조작하여 배움에 이르는 것에 있는 것이 아니라, 아동에게 학습의 동기를 심어주어 아동을 학습자로 자립시키는 것에 있다고 주장했다.

우리는 루소의 교육사상이 중세 이래의 교사중심 교육관을 학생중심으로 바꾼 혁신적인 것이라는 종래의 믿음을 재고할 필요가 있다. 왜냐하면 고드윈이 비판하듯 루소가 말하는 '아동의 자발성'이란 어디까지나 교사의 수비범위 내에 있는 것이고, 교사에 의해 조작된 자발성에 불과한 것이기 때문이다.

고드윈은 교사가 아동에게 내면적 학습을 시키는 데 있어서 통제적이면서도 적극적인 마음의 틀을 심어 주어야 하고, 나아가 아동이 스스로 지식을 추구하도록 자극하라고 한다. 아동이 지식을 추구하고 싶다고 생각하면 언제나 바로 그가 직면하는 어려움을 제거해 주어야 한다. 교사는 절대로 아동을 처벌해서는 안 되고 심지어 분노의 표정이나 비난이 있어서도 안 된다고 주장했다.

피교육자에 대한 강제나 조작은 교육자의 우월성과 피교육자의 의존성으로 성립되는 상하관계를 전제로 한다. 이에 대해 피교육자에 대한 강제와 조작의 배제는 교육자가 피교육자를 독립된 개인으로 인정하는 양자의 '평등한 인간관계'를 전제로 한다.

프루동의 교육사상

파리에서 페레는 보다 직접적으로 프루동의 영향을 받았다. 프루동은 개인의 자립, 특히 노동자의 자립을 중시했다. 이는 마르크스류의 정치처럼 급진적인 강권적 혁명에 대하여 비정치적이고 점진적인 사회개량을 중시하는 혁명, 곧 '위로부터의 혁명'이 아닌 '밑으로부터의 혁명'을 중시하는 것과 연결된다. 페레가 파리에서 정치운동을 포기하고 교육운동에 헌신하겠다고 결심한 것은 이러한 프루동의 사상에서 받은 영향 때문이었다.

프루동은 노동과 교육의 결합을 강하게 주장하여 '다기능적 기술습득'을 목표로 하는 직업교육을 중시했다. 그중에서도 특히 개개인의 차이를 더욱 중시했다. 이러한 차이의 인정은 지역의 학습사회화라는 프루동의 주장에서 그 구체적인 실천 방안을 볼 수 있다.

프루동의 교육사상은 이질자의 존재를 중시하고 개인과 집단의 다양성을 추구하며 사회에 내재하는 자생적 교육력, 곧 사람들의 자발적인 상호작용을 존중한다는 점에서 교육에 대한 정치의 개입을 부정한다. 이러한 반정치적 교육관은 우리의 교육에 대한 과도한 정치적 개입 – 정부만이 아니라 이념도 포함한 – 에 대한 반성을 촉구한다.

톨스토이의 교육사상

페레는 파리에서 톨스토이의 영향도 받았다. 러시아는 물론 다른 나라의 어떤 작가에서도 발견할 수 없을 만큼 톨스토이에게 교육의 문제는 일생의 과제였다. 그는 젊은 시절부터 루소를 읽으며 유럽여행에서 꾸준히 구상해 온 것을 실천하고자 했다. 그는 일찍부터 교육의 필요성을 통감했으며 평생을 걸쳐 몇 번이나 농민학교를 운영했다. 그 최초는 1849년, 그리고 이어 1854년에는 장교로서 문맹인 사병을 위한 잡지를 발간할 계획을 세웠으나, 크리미아 전쟁으로 인하여 실현되지는 못했다.

본격적인 농민학교는 1859년, 곧 그의 나이 31세 때에 개설해 3년간 계속되었다. 학교는 무료였고 시간표도 교과서도 없었다. 입학과 퇴학도 자유였고, 교과과정도 무시되었다. 오직 아이들의 재능을 발견하고 육성한다는 사고방식은 루소로부터 배웠다기보다는 코사크(15세기 후반에서 16세기 전반에 걸쳐 러시아중앙부에서 남방 변경지대로 이주하여 자치적인 군사공동체를 형성한 농민집단. 러시아어인 '카작'이 바뀐 말로 터키어의 '자유인'을 뜻하는 말을 기원으로 삼고 있다. 러시아어로는 카자체스트보이다. 그들은 선거에 의해 수장을 선출하여 모든 중요한 문제를 합의로 결정하는 민주적인 자치를 행했다.)를 비롯한 러시아 민중들에게서 배운 아나키즘적인 이상이었다.

톨스토이는 루소와 마찬가지로 자신이 살고 있는 세계가 '자연'의 이상적 상태로부터 벗어나 좋지 않은, 존중할 만한 가치가 없는 세계가 되었다고 생각했다. 그리고 그러한 '악한' 세계가 된 원인의 하나는 교육에 있고, 동시에 '자연'의 상태를 회복하는 수단도 교육에 있다고 생각했다. 루소도 톨스토이도 소위 정규교육으로부터 벗어나 있었으므로 교육에 대하여 근원으로부터 새로운 발상을 할 수 있었다. 그의 근본사상은 "모든 아이들을 의자로부터 해방시킨다"는 자유주의적인 것이었다.

성인은 문명의 침해를 받은 불완전한 존재이고, 그러한 침해를 받지 않은 아이들은 선하고 순수하므로 성인의 입장에서 행하는 교육은 오류이며 아동의 선한 본성을 최대한 존중하여야 한다는 것이 그의 주장이었다.

그는 당시의 강제적인 교육방법을 통하여 대학을 비롯한 각종 학교에서 만들어내는 것은 인류가 필요로 삼는 진실한 인간이 아니라 타락한 사람들이 필요로 하는 인간, 곧 관리나 어용교수나 어용문학가라고 통박했다. 그들은 목적 없이 본래의 환경에서 떨어져 청년시대를 헛되이 지내고 인생에 대하여 아무런 가치도 발견하지 못하는 병적인 사람들이었다.

톨스토이는 민중이 '지식계급이 강요하는 읽고 쓰는 것'을 바라지 않는 것은 나름의 이유가 있다고 생각했다. 곧 민중에게는 지식계급보다 더욱 절실하고 올바른 정신적 욕구가 있다는 것이었다. 그는 그 욕구를 이해하고 민중이 그 욕구를 채울 수 있도록 도와야 한다고 생각했다. 그는 야스나야 폴라냐(톨스토이는 1852~1855년에 걸쳐 카프카스에서 산악민족의 토벌에, 크림전쟁의 세바스토폴 공방전에 참가했다. 1855년 전쟁에서 모스크바로 돌아온 톨스토이는 신진 작가로서 환영을 받고 투르게네프, 네크라소프, 체르니셰프스키 등과 가까워졌지만 도회지에서의 문인생활에 익숙지 못했다. 1856년 퇴역한 후는 야스나야 폴라나에 칩거하면서 농장경영과 집필활동에 열중

했다.)의 학교에서 그것을 실천하고자 했다. 그는 학생들의 교사가 아니라 그들의 친구에 가까웠다.

그의 교육법은 부분적으로 루소의 원칙에 근거한 것이었으나, 그 시대와 장소적 특성에 의해 상당히 수정된 것이었다. 학생들은 당시의 교육제도인 모든 강제와 엄격한 훈련에서 완전히 벗어났다. 학생과 교사 사이에는 아무런 거리도 없었다. 그의 학교는 그와 민중을 하나가 되게 하였다.

1860년의 제2차 유럽여행은 진보교육의 실정을 조사하기 위한 것이었다. 그는 여러 나라의 교육제도를 관찰하고 연구했으나 결국은 그 모든 것을 부정했다. 마르세유에 두 번 체류하면서 그는 진정한 민중교육이란 학교가 아닌 다른 곳에서, 곧 신문을 통해서나 도서관 또는 거리와 일상생활에서 행해진다는 것을 깨달았다. 그것을 그는 '무의식의 학교' 또는 '자연학교'라고 불렀다. 그가 어리석다고 본 의무학교에 반대되는 그것이야말로 그가 세우고자한 학교였다. 러시아에 돌아와 그가 시험한 것이 바로 그런 학교였다.

그는 여행에서 프루동을 만나 깊은 인상을 받았다. 당시의 일기에서 그는 "유일한 목적은 민중의 교육이었고, 나의 유일한 신념은 막연하나마 나를 교육사업으로 연결시켰다", "교육에서 가장 중요한 것은 평등과 자유이다"라고 썼다.

여행에서 돌아온 그는 교육 잡지를 내기 시작했고 21개의 민중학교를 개설했다. 그는 잡지에 학생들의 글도 실었다. 그들의 신선하고 숨김없는 농민풍의 언어는 그를 깊이 감동시켰다. "우리들은 어린이들을 가르칠 뿐만 아니라 어린이들에게서 배워야 한다"고 그는 말했다.

그의 교육법은 자유를 표방한 것이었으나, 당시의 엘리트들이 표방한 '자유로운 특권사회'의 자유와는 아무 관련이 없는 것이었다. 엘리트는 자신들과 전혀 교감이 없는 민중에게 자신들의 학문이 갖는 갖가지의 오류를 강요했다. 그러나 톨스토이는 그들의 그러한 권리주장을 철저히 부정했다.

그러나 교육관의 혁명적인 자유주의적 성격 때문에 언제나 비밀경찰의 감시를 받았고 그의 교육운동은 결국 1862년에 끝났다. 당시의 사상과 경험은 그의《국민교육론》(1862년)에 밝혀져 있다.

1869년《전쟁과 평화》를 쓴 톨스토이는 4년간 교과서 만들기에 몰두하여 오래된 러시아의 민요, 속담, 전기, 영웅서사시, 외국의 동화 등과 함께 수학, 물리학, 천문학을 읽었고《초등교육독본》(1872년),《신초등교육독본》(1875년) 그리고《러시아어 독본》등을 출판했다. 그리고 다시금 대단한 정열을 가지고 교육에 종사하다가 건강을 해쳤다. 그후 그는《안나 카레니나》를 쓰기 시작했고 이어 종교적 저작에 몰두했다.

《안나 카레니나》에서 그는 당시의 엘리트 자유주의를 철저히 비판했다. 레빈을 통해 그는 당시에 유행한 지방의 민중교육사업과 제도개혁을 거부했다. 톨스토이는 그러한 것들이 또 다른 허위를 더한 것에 불과하다고 보았다. 그리고 그 허위에는 아무런 시대적 이유도 목적도 없는 것으로 생각했다. 그는 자유주의자들이 '민중, 민중의 의지'를 입에 담는 것에 대해서도 분노했다. 도대체 그들이 민중에 대해서 무엇을 알고 있단 말인가?

톨스토이의 교육방침은 철저한 자유주의, 아니 방임주의에 가까운 것이었다. 독일풍의 권위주의 교육은 아동의 순수한 본성을 해치고, 아동 본위가 아닌 교사 본위라고 비판했다. 그는 당대 교육의 최대문제를 아이들의 요구에 관계없이 독단적으로 예정된 지식을 강제로 주입하는 것으로 보았다. 개성이 다른 학생에게 획일적이며 강제적으로 예정된 지식을 주입하는 것은 개성 그 자체를 파괴하는 것이라고 보았다. 교육의 본질은 학생에게 삶에 대한 관심을 불러일으키고 삶의 문제점을 학생과 함께 해결해나가는 것이었다. 톨스토이의 학교에는 벌칙이나 체형이 없었고, 수업료도 징수하지 않았다. 수업은 오전에 시작하여 2시경 점심을 먹고 8, 9시경까지 자유롭게 수업을 했으나 아무도 돌아가지 않았다고 한다. 그러나 그의 교육이념과 학교는 전통적인 교육자들에 의해 비난을 받다가 결국 좌절되었다.

제 2장 페레의 자유학교

1.황무지에 핀 꽃

야만적인 사회조건

1901년 9월 9일, 스페인 바르셀로나에 '모던 스쿨'(원명인 Escuela Moderna를 보통 근대학교라고 번역하나 학교의 고유명칭이므로 '모던 스쿨'이라고 칭한다. 그러나 그 본질은 자유학교이므로 이 책에서는 고유명사로 쓰이는 경우를 제외하고는 자유학교라고 한다.)이 문을 열었다.

당시 스페인 인구 약 1800만 명 중 약 70%는 문맹이었다. 1857년부터 스페인에서 초등교육이 강제되었고 1901년부터는 수업료를 낼 수 없는 아이에게는 법적으로 무상교육이 보장되었지만, 그것을 실시할 구체적인 법령이 없어 실제로는 실시되지도 않았다. 그것을 이행할 수 있는 물자도 방법도 없었다. 학교는 오두막이나 다름없었고, 영양실조에 걸린 맨발의 아이들이 형편없는 교육을 받았다.

1857년, 진보파 정부에 의한 교육개혁 내용은 국비 부담으로 6세부터 9세까지의 의무교육, 교육의 중앙집권화, 획일화, 세속화 등이었다. 교육의 내용도 여자의 경우 봉제와 자수, 남자는 직업교육을 시키는 성차별적 교육이었다. 또한 초등교육은 의무교육(근대적인 의무교육사상의 기원은 16세기에 독일의 루터가 제창한 의무교육론에서 찾을 수 있다. 18세기에 이르러 근대국가의 발달을 계기로 국가의 발달과 그 존속, 번영은 국민교육을 강화함에 있다는 사상이 높아져, 국민교육을 널리 실시하게 되었다.)이었음에도 불구하고 학교와 교사가 부족하여 인구의 절반은 여전히 문맹이었다. 특히 교사는 박봉에 시달려 충실한 교육을 기대하기 어려웠다.

1857년 이후 문맹률을 줄이는 데 교육개혁은 상당한 성과를 거두었다. 1857년부터 20년간 1600만 인구 중 400만 명이 문맹을 면했다. 그러나 75%의 인구는 여전히 문맹이었다. 1903년 인구조사에 의하면 17,667,256명 중 11,945,971명이 문맹으로 조사되었는데, 그 비율은 68%였다.

1903년 당시 아테네오의 회장은 "우리의 사회조건은 야만적이다. 우리의 야만적인 정부형태에 적합하게"라고 꼬집었다. 오히려 역사적으로는 1700년 전 로마의 지배를 받았을 때의 문맹률이 더욱 낮았다. 그후 이슬람의 지배를 받았을 때는 더더욱 낮았다. 따라서 적어도 교육에 있어서 스페인은 과거보다 더욱 후퇴한 것이었다. 그런 민중의 무지 위에 보수적인 성당과 부패한 관료가 기생했다.

19세기 스페인의 교육

1909년 당시의 스페인 신문에 의하면 스페인에서 법적요건을 충족하는 학교가 있는 곳은 단 4개 지역뿐이었고, 나머지 45개 지역은 그렇지 못했다. 후자 중에서도 772개 학교는 매우 후진적이었으며 9,505개 학교는 완전한 교육 불능상태에 있었다. 당시 학교의 수는 급증했다. 1870년부터 1908년 사이에 2,150개가 늘어 매년 56개가 늘어난 셈이었으나 그 사정은 너무나도 열악했다. 1907년 당시의 보고에 의하면 교실 환경이 열악하여 매년 5만 명의 아이들이 죽어갔다. 그나마 그런 학교에 입학조차 못하는 아동이 50만 명을 넘었다.

당시 교사의 수도 법적으로는 인구 1천 명 당 1명 정도가 필요했으나 실제로는 그것에 훨씬 미치지 못했다. 교사의 연봉은 50달러에서 100달러로, 평균 70달러 정도였으나, 그것은 정부가 지급하는 것이 아니라 부모가 낸 찬조금으로 충당했다. 가끔 주택이 제공되거나 교과서가 제공되는 부수입이 있었으나, 대체로 교과서는 제대로 보급되지도 못했다.

그렇다고 부모들이 찬조금을 낼만한 형편도 아니었다. 당시 대부분 극빈 상태였던 부모의 임금은 교사들의 10분의 1도 되지 않았기 때문이다. 교사들은 본래 업무인 교육보다도 부모들에게 찬조금을 받기 위해 동분서주해야 했다. 1903년 스페인에서 어떤 학교가 개교되기 전 100명의 가족에게 찬조금을 청했는데 단 3명만이 그것에 응할 정도였다.

학교는 재판권을 가진 시장인 엘켈디가 통제하는 마을회의 아래에 있었는데 시장 자신이 문맹이거나 교육에 대해 전적으로 무관심한 사람인 경우가 대부분이었고 마을회의는 신부들로 구성되었다.

전통적인 성당교육은 사치스러운 것으로써 부자를 위한 것이었다. 제수이트(제수이트 교단은 영신수련을 통해 가난하고 겸손한 그리스도를 인격적으로 만나고 무조건적으로 따르는, 전적인 자기 헌신에서 나오는 영적이며 인간적인 태도를 중시한다. 특히 교육사업에 역점을 두어 1547년 처음으로 예수회 대학을 개설한 이래, 세계 100여 개 국가에 수많은 교육기관을 세웠다.)를 비롯하여 많은 교단이 큰 규모의 화려한 학교를 경영했다. 바르셀로나 위의 티비다보 언덕에는 옥스퍼드나 캠브리지 못지않은 거대한 두 학교가 있었는데 그것은 상류층에게 안전한 지식과 건전한 신학을 가르치는 철저히 상업화된 학교였다. 도시에는 수녀들이 경영하는 사립학교도 많았으나 명성이 높지 못했다.

성당은 교육에 기여하는 바가 거의 없었고 오직 잇속을 위해 학교를 경영하여 가난한 민중에게는 아무런 도움이 되지 못했다. 공교육에서 가르치는 것도 철저히 종교적이었다. 교사들은 신앙을 수호하겠다고 맹세해야 했고, 교구신부와 교구 검열관의 철저한 감시를 받았다. 성당측은 가톨릭에 호의적이지 않은 정치집단, 과학이론, 문화경향에 대해 공개적으로 조사하고 탄압했다.

교사는 대개 신부가 아니었지만 종교적 관행의 기계적인 틀에서 벗어난다는 것은 꿈에도 생각할 수 없었다. 번지르르하게 그려진 싸구려 종교화는 교실 벽에 반드시 붙어 있어야 했다. 수업의 반은 기도와 교리문답, 성경의 암송이었다. 이처럼 교육방법은 가톨릭의 도그마를 기계적으로 암기하게 하는 것이었고, 잔혹한 매질에 의해 강요되었다.

극소수 학생만이 쓰는 것을 배웠고, 그보다 많은 소수는 읽는 것도 배웠으나 스페인어는 스스로 배울 수 있다는 전제 하에 사실상 가르치지 않았다.

특히 남녀공학은 가톨릭에 의해 사악한 것으로 간주되어 엄격히 금지되었다. 학교공간의 부족으로 공학이 불가피한 시골에서조차 예외가 허용되지 않았다. 그뿐만이 아니라 가톨릭이 주장하는 것에 반하는 모든 것은 악마적인 것으로 간주되었다.

페레의 도전

페레는 그러한 가톨릭의 도그마에 도전했다. 즉 자연과학과 도덕적 합리주의에 근거한 커리큘럼을 만들고, 종교적 도그마와 정치적 편견에서 벗어나는 교육을 수립했다. 학생들에게 체계적인 교육을 시켰지만 교육 정도에 따른 어떤 상벌도 주지 않았고, 어떤 평가나 시험도 실시하지 않았다. 그야말로 아이에게 어떤 경쟁도, 강제도, 모욕도, 수치도 주지 않았다. 게다가 가톨릭에서 금지한 남녀공학은 물론, 부유한 계층과 가난한 계층의 자녀가 같이 배우되 수업료를 차별하는 방식도 만들었다.

페레에 의하면 수업은 '연대와 평등의 원칙'에 의해 진행되어야 한다. 가톨릭 학교에서 불량한 학생들은 무릎을 꿇고 회개하면서 체벌을 당하는 것과 달리, 모던 스쿨의 교사들에게 페레는 체벌로 도덕적 물질적 징벌을 가하는 짓을 절대로 하지 못하도록 했다.

교사의 지도는 전적으로 지식을 얻고자 하는 학생들의 희망에 맞추어야 하고, 그들의 수준에 따라 교육을 받도록 하였다. 즉 학교의 목적은 학생들에게 편견에 대한 '지속적인 저항'을 증대시키고, 모든 주제에 대해 그 자신의 합리적인 확신을 형성할 수 있는 '건강한 심성'을 갖도록 하는 데에 있었다.

그러나 페레는 "교육은 각자의 심성이나 의지에 관계없이 단순히 학생의 지성을 연마시키는 것이 아니"라고 생각했다. "인간은 각자가 갖는 능력의 다양성에도 불구하고 하나의 완전하고도 불가분한 존재이다. 인간은 다양한 면모를 보이지만, 근본적으로 서로를 알고 사랑하며 그가 생각하는 과제에 대한 의지를 수행할 힘을 가지고 있다."

페레는 모던 스쿨의 가장 중요한 임무 중의 하나가 인간의 이러한 고유성을 지속시키는 것이고, 인간이 본래 가지고 있다는 성격의 이중성, 즉 한편으로 진실하고 선량하나 다른 한편으로는 악마적이라고 하는 관점을 거부하는 것이라고 주장했다.

학교 자체는 현실 세계의 축도로서 그 상이한 측면과 인간성을 구현하여야 한다. 따라서 페레는 남녀공학을 주장하고 나아가 모든 사회 계층의 다양한 학생들이 섞여 교육을 받아야 한다고 주장했다. 학교는 노동자의 자녀를 중산계층 출신의 자녀와 함께 교육하여 학생들을 완전히 해방시키는 환경을 만들어야 한다. 학교는 인간을 구분하는 기준, 재산이나 국가 또는 가족이라고 하는 잘못된 관념으로부터 해방시키는 곳이어야 한다. 이러한 페레의 생각은 명백하게 아나키즘, 특히 로렌조를 비롯한 아나키즘의 교육사상이 페레에게 중대한 영향을 끼쳤음을 보여준다.

아나키스트와 아크라티스트

페레는 스페인 민주주의 교육운동의 시조이거나 조직가가 아니다. 1868년 혁명 이래 스페인 노동계급의 지식인들은 공교육에서 부여하는 비참함보다 나은 것을 아이들에게 주기 위해 다양한 노력을 했다. 특히 1885년 그러한 노력이 강화되어 세기말에는 스페인 전역에 '공화주의자' 학교가 설립되었다.

특히 주목되는 해가 1876년이다. 이 해에 스페인 교육계의 획기적인 사건인 자유교육학원이 설립되었다. 이 학교들은 페레의 '모던 스쿨'처럼 교과서도 시험도 없이 오직 개인의 도덕적인 자기실현과 의지의 자립을 중시한 아나키즘적 교육관에 입각한 것이었다. 모든 종교단체, 철학연구회, 정당으로부터 독립적인 일종의 자치대학으로 출발했으나, 인격형성은 유아기로부터 시작된다고 생각하여 유치원, 초등학교, 중학교도 설립했다.

자유교육학원은 암기나 시험을 배제하고, 관찰, 합리적 사고, 공작 등을 중시하여 놀이와 소풍, 여가를 즐기는 방법도 커리큘럼에 포함되었으며, 특히 생물학과 사회학이 중시되었다. 또한 생활습관을 혁신하기 위해 매일 목욕하는 것을 의무화하고, 여성의 지적 열등을 극복하기 위해 남녀공학을 중시했다.

그러나 불행하게도 이러한 노력들은 대부분 실패했다. 교사들은 대부분 낮에는 공장에서 노동을 해야 하는 노동자들이었기 때문에 학교의 대부분이 야학이었다. 또한 그들이 사용할 수 있는 건물은 초라했고 교재도 없었으며 적절한 교육과정이나 계획도 없었다. 따라서 그런 학교들은 의욕적으로 생겨났으면서도 페레가 모던 스쿨을 세울 무렵에는 대부분 없어진 상태였다.

그런 가운데 생긴 페레의 '모던 스쿨'은 몇 가지 새로운 의의를 갖는 것이었다. 첫째, 교육학의 현대적이고 과학적인 방법을 적용하였다. 둘째, 명확하게 합리적이고 인간주의적이며, 반군국주의적이고 반애국주의적이었다. 셋째, 뛰어난 조직력과 경험이 풍부한 교사들, 그리고 충분한 예산으로 좋은 시설을 갖추었다.

페레는 단지 국가에 의한 비참한 교육보다 나은 교육을 그의 동포들에게 제공한다는 사명감에서 시작한 것이 아니었다. 그는 당시에 절실한 요구였던 스페인 교육의 개선만이 아니라, 세상에서 일반적으로 이행되는 교육이 개선되기를 바랐다.

그는 사상적 실천의 어려움, 즉 그의 견해를 충족하는 교사, 교과서, 교육물자를 찾는 어려움을 잘 알았다. 그는 교육 없는 삶을 생각할 수 없었다. 세속적인 모든 것에 대한 절대적 명확성을 획득하게 하거나 초세속적인 것이 존재하지 않는 그의 교육이 문제될 것이 없다고 확신했다. 그는 성당이라는 초자연주의 감옥의 그림자가 드리워지기 전에 아이들을 가르치는 것이 교육자의 의무라고 느꼈다.

그의 가르침이 단지 반가톨릭적인 것만은 아니었다. 초자연주의에 대항하는 것 이상으로 계급의 지배나 착취에 대항하는 것이기도 했다. 그는 국가교육이 성당교육 이상으로 유해하다고 보았다.

따라서 페레의 모던 스쿨은 반항적인 시민을 육성하는 것을 목표로 삼았다. 그것은 당시 스페인의 정신적 행정적 경제적 관료적 관점에서 보면 '불온한' 스페인인을 육성하는 것이었다. 그래서 성당과 보수 측에게 그것은 당연히 극단적인 공포를 불러일으켰다.

페레는 그 생애의 처음부터 끝까지 열정적인 혁명가였으나, 당시의 스페인은 아직 혁명이 일어날 정도로 무르익었다고 생각되지 않았으므로 자신의 과업은 혁명가를 교육하여 혁명의 비성숙을 수정하는 것을 목표로 삼아야 한다고 생각했다.

적들은 그의 혁명주의가 폭력적 아나키즘과 같다고 주장했으나 그것은 명백한 오류였다. 그는 반종교, 반전제, 반애국, 반군국, 반자본의 학교를 세웠지만 폭력과는 무관했다. 그것은 적들이 그를 억압하고 처형하기 위해 주장한 것에 불과했다.

아나키스트에 대한 오해를 불식하기 위해 스페인에서는 '권력에 대한 반대'를 뜻하는 아크라티스트Acratist라는 말이 이론적 아나키스트를 부르는 용어로 사용되었다. 페레는 바로 그 아크라티스트였다. 그는 군국주의적이고 자본주의적인 지배와 착취에 철저히 반대했다.

페레는 새로운 조직에 대한 사고를 충분히 보여주지 못했다. 이는 그가 본능적으로 어떤 형식적인 조직의 필요성에 대해서 그다지 심각하게 생각하지 않았음을 뜻한다. 달리 말하자면 그는 이상주의적인 자유주의자, 혹은 자유의지론자 libertarian였고 평등주의자였다. 여기서 자유주의자라고 함은 보통 자유주의로 번역되는 리버럴리즘 liberalism과는 다르다. 그것은 자발성을 기초로 자유와 자치 그리고 자연을 존중하는 것이다.

그를 테러리스트로 볼 만한 증거는 없으나, 최소한의 차원에서 보면 그렇다고 할 수도 있다. 페레는 1890년대 초에 무자비한 유혈혁명을 위한 조직을 준비한 적이 있었다. 그러나 테러리즘의 비이성적 범죄를 승인하는 것과는 달랐고 1892년 이후 정치적 행동에 대한 그의 태도는 근본적으로 변모했다.

1906년 11월 14일, 페레는 〈신에스파냐〉지에 쓴 글에서, 자신이 정부 측이 말하는 '피에 굶주린 존재이자 인간성에 반하고 악 자체를 목적으로 삼는 존재인 아나키스트'임을 부정했다. 모던 스쿨에서 출간된 40여 권의 저서나 학교회보에서 그가 피력한 '두뇌의 파괴'라는 개념은 모든 편견을 파괴하기 위해 합리적이고 과학적인 두뇌를 도입한다는 것이었다. 그리고 그가 아나키즘을 선택한 것은 교육 그리고 평화와 사랑을 위해서였지, 정부가 말하는 아나키즘의 방법이나 과정 때문이 아니었다.

2. 자유학교의 길

클레망스 자키네 부인

학교를 세우고자 하는 페레에게는 학교 설립이나 운영에 대한 아무런 경험이 없었다. 그는 다른 사람들의 조언을 구해야 했다. 그러나 그는 교육계의 공직자들을 신뢰하지 않았다. 페레의 생각에 그들은 지독한 편견에 사로잡힌 자들이었다.

페레는 미래학교의 완벽한 형태를 추구한 것이 아니라, 그 선구적인 형태, 즉 낡은 학교를 단호히 거부하고 미래의 학생들에게 실질적인 과학의 진리를 심어주는 방향으로 조심스럽게 시도한 것이었다.

페레가 자유교육 이념을 실현하는 데 가장 큰 어려움은 그 교육을 가능하게 하는 교사를 찾는 일이었다. 페레의 교육이념에 동조한 최고의 교사는 클레망스 자키네 부인이었다. 그녀는 나중에 페레의 재판

기소장에 페레와 '철학적-상업적 관계'에 있다고 기록된 사람이다.

그녀는 본래 이집트 사카의 비종교 학교를 운영하다가 식민세력인 영국 정부에 의해 편파적이고 유해하다는 이유로 폐쇄 당한 경력이 있었다. 무신론자이고 반군국주의자이며 아나키스트인 그녀는 페레의 교육이념에 따랐다. 페레는 그녀를 모던 스쿨의 교장에 임명했다.

페레는 자키네와 함께 학교 설립에 필요한 조치를 취하기 시작했다. 건물을 마련하고 가구, 직원, 광고물, 설립취지서, 전단지 등을 확보했다. 학교 설립을 준비하는 도중 배신자가 있어 손실을 입기도 했으나, 1년도 안 되어 모든 준비가 끝났다. 그러나 의견이 분분하여 결코 순조롭지는 않았다. 예컨대 아동들에게 카탈루냐 지방의 방언인 카탈루냐어(카탈루냐어는 9세기 바르셀로나 백작령을 중심으로 쓰이던 속라틴어 방언이 변하여 생긴 말이다. 1469년 에스파냐어가 국어로 선정되자 카탈루냐어는 쇠락의 길을 걸었다. 20세기 들어 프랑코에 의해 한때 카탈루냐어를 사용한 모든 문화활동이 금지된 적도 있었다.)로 가르쳐야 한다는 주장도 있었다.

설립 취지서

설립 취지서에는 모던 스쿨의 사명을 "소년소녀들이 잘 배우고, 진실하며, 정의롭고, 편견으로부터 해방될 수 있도록 하는 데 있다"고 적혀있다. 그 목적을 위해 "낡은 교조적 가르침을 자연과학의 합리적 방법으로 대체하고," "아동의 자연적 능력을 자극하고, 발달시키고, 지도하여 가치를 지닌 쓸모 있는 사회구성원이 되게 할뿐만 아니라, 전체 공동체의 발전에 헌신"하게 했다. 이는 "권리 없는 의무 없고, 의무 없는 권리 없다"는 원리에 따른 것이다.

이를 위해 "성 또는 계급 차별이 없는, 5세 이상의 남녀아동을 형제애로 완전한 단일공동체"를 형성하고, 일요일 아침마다 "전 역사에 걸친 인류의 고통과 과학, 예술, 그리고 진보를 위한 투쟁에서 두각을 나타낸 사람들에 대한 수업"을 하고, 이 수업에는 부모들도 출석했다.

또한 학교 건물과 부속 건물의 위생적인 상태를 유지하고, 아동에게 건강검진을 실시하며, 그 결과를 부모에게 통보했다. 그리고 전염병의 확산을 방지하기 위해 정기적으로 다른 조치도 취했다.

문을 연 모던 스쿨

모던 스쿨은 1901년 9월 8일에 문을 열었다. 학생 수는 12명의 여학생을 포함하여 30명이었다. 개교식에는 학술단체와 노동조합 대표들이 참석했다. 페레는 축하 인사를 한 뒤에 그 학교가 "권력에의 복종을 거부하고, 박탈당한 자를 자립시키며, 계급과 성의 평등을 확립하고, 소년소녀에게 특권에 대한 존중 대신 진실과 정의에 대한 존중으로 그들의 지적 범위 내에서 자연과학적 지식을 주는 유일한 학교"라고 설명했다.

페레는 1901년 10월 30일에 발행된 회보 제1호에서 이를 다음과 같이 부연 설명했다.

"상상에서 비롯된 생각과 불합리하고 환상적인 허구가 이제까지 진실로 여겨져 왔고, 인간의 행위를 해명하는 직접적인 원리가 되어왔습니다. 또한 그것은 이성적이고 양심적으로 행동하는 것을 비난하는 구실이 되어왔습니다."

"과학은 이제 소수 특권층만의 것이 아닙니다."

"우리는 경험과 관찰에 의해서만 우리를 지배하는 자연과 그 법칙에 관한 정확한 지식에 도달하고 판단기준을 마련할 수 있습니다."

"우리는 사회적 양심을 억압하는 수많은 편견을 알고 있습니다. 이것은 절대적인 무오류(1870년 제1차 바티칸공의회는 교황의 권력을 신성불가침한 것으로 규정했다. 일명, 수위권이란 교황이 모든 사제와 신도에 대해서 완전하고 보편적인 지상의 권위를 가진다는 것이다.)의 틀 속에서 행해진 중세의 주관적이고 교조적인 교육의 결과입니다."

"우리는 아이들이 교사의 통제를 떠난 후에도, 편견에 대해 강인한 적대감을 가지며, 모든 문제에 대해 합리적인 신념을 가지고 대응할 수 있도록 가르칠 것입니다."

"이것은 아이들이 혼자서 사고를 형성하고, 교육할 때부터 아동이 마음대로 하도록 방치하는 것을 의미하지는 않습니다. 인지의 발달이 시작되는 시점에 있는 아이는 수용적일 필요가 있습니다."

"교사는 생각의 씨앗을 심어야 합니다."

"그 기초가 안정되고 흔들림이 없으려면 자연과학의 정확하고 실증적인 가르침이 있어야 합니다."

1901년 말 학생 수는 70명으로 늘었고, 매년 증가하여 5년 뒤인 1906년에는 1,700명에 이르렀다. 그러나 그 학교가 끼친 영향은 학생 수의 급격한 증가만이 아니었다. 모던 스쿨과 유사한 학교가 바르셀로나에 19개교, 카탈루냐에 50개 이상이 개설되었다. 이러한 현상은 카탈루냐만이 아니라 스페인 전역, 나아가 남미 지역의 학교에도 엄청난 영향을 주었다. 모던 스쿨을 따라 낡은 학교들은 개편되었고 새로운 학교들도 많이 생겨났다.

교육과 권력에 대한 통찰

페레는 통치자들이 교육을 통제하고자 늘 주의를 기울여 왔다고 주장했다.

"그들은 권력이 학교에 토대를 두고 있음을 잘 알고 있기 때문에 학교에 대한 독점적 지배를 유지하려고 합니다."

자본주의 시대의 통치자들은 산업을 육성하고 부유하게 하기 위해서는 유능한 노동자들이 필요했다. 그런 이유로 학교를 더욱 완전한 조직체로 만들려고 했다. 학교는 모든 정당의 슬로건이 되었다.

그들은 교육의 사회적 의의를 무시했다. 권력을 얻으려고 애쓰는 사람들의 유일한 목표는 그들 자신의 이해관계, 개인적인 욕망을 충족시키는 것이다. 따라서 교육개혁은 그들의 지배권을 위태롭게 하지 않는 범위 내에서만 이루어진다.

"교사는 그들의 의지에 따라 의식적으로 혹은 무의식적으로 자신의 일을 수행하는 존재에 불과합니다. 그들 자신이 참혹한 세월에서 나온 원리에 따라 고분고분하게 교육받고, 권위적인 학문을 수용해왔던 사람들이었습니다."

"그들은 복종 외에는 아무 것도 하지 못할 정도로 권위적인 학문조직에 의해 억압받았으므로 그에 대항하기에는 무기력합니다."

"학교는 원하는 방향으로 재능이 발달하도록 통제합니다. 그러기 위해서 신체적 도덕적 지적으로 지배하고, 자연과의 접촉을 박탈합니다. 이것이 바로 실패한 것에 대한 설명입니다. 기존 교육의 실제적인 의미는 지배와 복종입니다."

"지배와 복종이라는 목적을 달성하기 위하여 교사들은 늘 사회적 관리자에 의존하는 훈육과 권위에 스스로 복무하였습니다. 이런 교사들에게는 오직 한 가지의 생각과 의지, 즉 아이들은 지배적인 사회적 권위를 믿고 복종해야 한다고 생각합니다."

"문제는 오직 아이들에게 – 지금의 제도를 유지시키는 데 도움이 되는 – 기존의 생각 외에는 다른 어떤 생각도 하지 못하도록 개인을 사회적 기제에 철저하게 적용시키는 데 있습니다."

이런 교육이 인간성에 어떤 진보를 가져올 것이라고 기대할 수 없다. 그것은 개인을 결코 계발시키려 하지 않는, 지배계급의 도구에 지나지 않기 때문이다.

새로운 교육의 원리

페레는 1905년 5월 10일자 회보에서 국가나 지방자치단체에 의존하는 학교를 비판했다.

"우리는 기존의 특권을 유지시키고, 현재 가장 지독한 악습의 원천인, 사람이 사람에 대한 착취에 기여하는 법을 수호하는 국가나 공공기관에 근대교육을 맡길 수는 없습니다."

페레는 공립학교에서도 부유한 아동이 가난한 아동과 어울려 친하게 지내는 것을 볼 수 있다는 주장에 대해, 그곳에서 "행해지는 수업은 빈부의 차이가 영원하고 필연적이라는 것을 전제로 사회적 질서와 조화는 법의 준수에 있다는 것을 기초로 하고 있습니다"라고 비판했다. 또한 페레는 "교육의 전체적인 가치는 아동의 신체적 지적 도덕적 재능을 존중하는 데 있습니다"라고 했으며, "교육이 모든 교조주의를 제거하지 않는다면, 아동의 자발적인 표현을 존중하여 그 역량을 발휘할 수 있도록 하지 않는다면, 교육은 가치가 없습니다."고도 했다.

다음의 말들은 그의 확고부동한 의지와 사상을 확실히 드러내준다.

"진정한 교육자는 아동에게 자신의 생각과 의지를 강요하지 않으며, 아동 자신의 에너지에 호소합니다."

"우리의 이상은 과학의 이상입니다. 우리는 아동이 자신을 표출할 수 있도록 과학에 호소하여 그의 발달을 촉진하고 요구를 만족시킵니다."

따라서 새로운 교육의 원리는 완전한 자발성에 기초한다.

"우리는 그들을 둘러싸고 있는 부당한 환경을 끊임없이 파괴하고, 갱신하며 스스로를 새롭게 할 수 있는 사람, 독립된 지성을 가지고 아무에게도 굴종하지 않을 새로운 사상의 승리를 갈구하는 사람, 획일적인 삶을 자신의 개성적인 삶으로 변화시키기를 바라는 사람을 원합니다."

요컨대 개인의 보다 완전한 해방을 목적으로 하는 교육이다.

"우리는 아동을 자연과 삶에서 떼어놓는 모든 인위적인 장치들, 기존의 사고를 주입시키는 데 이용되어 온 지적 도덕적 교육, 의지를 타락시키고 약화시키는 신조 등 현재 학교에서 찾아볼 수 있는 그 모든 것을 제거할 수 있을 것입니다."

"우리는 단기적인 손해를 두려워하지 않고, 아동을 적절하고 자연적인 환경에 두어, 거기에서 사랑하는 모든 것들과 접촉하여 자신을 발견하며, 생동감 넘치는 실물을 접함으로써 지루한 책읽기를 대체할 것입니다."

"나는 기존의 교육받은 자들의 입에 발린 지식과 지적인 기형보다는 아무 것도 모르는 아이의 자유로운 자발성을 신뢰합니다."

모던 스쿨의 학교회보에는 교사와 부모를 위하여 아나톨 프랑스Anatole France(프랑스의 작가. 비평가. 풍자적이고 회의적이며 세련된 비평으로 당대 프랑스의 이상적 문인이라는 평을 받았다.), 허버트 스펜서Herbet Spencer(현재 우리가 상식적으로 이해하고 있는 '진화=발전'의 개념을 처음 퍼뜨린 영국의 사회학자), 크로포트킨, 고리키, 톨스토이 등 여러 나라의 교육자의 글과 함께 페레 자신의 글이 함께 실렸는데, 그 중에서 가장 중요한 것은 1908년 5월, 제2권 제1호에 실린 것이었다. 그는 정부가 관장하는 학교는 자본주의와 군국주의의 반동적 도구에 불과하다며 다음과 같이 말했다.

그것들은 오직 하나의 명백한 사상과 욕구를 갖습니다. 즉 아동은 우리를 지배하는 사회적 도그마에 따라 복종하고, 믿으며, 생각하는 것을 배워야 한다는 것입니다. 그 목표는 언제나 아동들에게 기성의 사상을 주입하는 것이고, 기존의 제도를 수호하지 않는 모든 생각으로부터 아동을 격리시키는 것입니다. 요컨대 사회적 메커니즘에 철저히 적응하는 인격체로 만드는 것입니다. 교육의 모든 가치는 아동의 물질적 지적 도덕적 의지에 대한 존중에 있습니다. 그러나 이러한 존중만큼 어려운 것도 없습니다. 우리가 아는 대부분의 교육자는 언제나 아동에게 무엇을 강요하고 의무화합니다. 반면 참된 교육자는 심지어 그 자신의 사상이나 의지에 반하더라도 아동을 존중하며, 아동의 에너지에 최대한 호소할 수 있는 사람입니다.

교재 출간

페레가 부닥친 가장 큰 문제는 아이들에게 가르칠 적절한 교재의 부재였다. 당시의 교과서들은 과학과 신앙, 합리와 불합리, 선과 악, 경험과 계시, 진리와 오류가 마구 혼재해 있었다. 그것은 지배계급의 권위와 편익을 위하여 아동을 고분고분하고 순종적으로 만들기 위한 것들로서, 사회적 불평등을 다지는 데 필수적인 접합제로서 교활하고도 악의에 찬 것들이었다. 그래서 페레는 새로운 교재를 준비해야 했다.

페레가 출판한 교재는 광범하게 사용되어 어떤 책은 2만 권이나 팔렸다. 당시 스페인 정부는 페레의 학교를 즉각적으로 탄압하지는 않았다. 그 이유는 스페인의 공공 초등교육 시스템에 많은 문제가 있었기 때문에 페레가 창설한 학교처럼 훌륭하게 운영되는 학교에 대항하기가 어려웠기 때문이다.

그 40여 권의 저서는 대부분 스페인 정부에 의해 파기되었기 때문에 그것을 볼 수 없다. 현재 런던의 대영박물관에 보관되어 있는 한 세트를 보면 초급, 중급, 고급으로 나누어져 유럽 각지의 지성인들에 의해 씌어졌음을 알 수 있다.

그 대부분은 독서, 산수, 기하, 지리, 문법, 역사, 과학에 대한 입문서였고 아이들을 위한 이야기책도 포함되었다. 모든 책에는 폭력이나 부도덕을 조장하는 내용이 없었고 심지어 반종교적인 내용도 없었다. 그는 어떤 지배자도 없는 평화와 행복의 자치 공동체를 주제로 한 책을 학생들이 교사의 지도하에 읽고 스스로 비평하도록 권유했다. 그 책들 중에서 가장 흥미로운 것은 초급의 읽기책이다. 오돈 드 부엔Odón de Buen이 쓴 그 책은 철자와 문법을 익히면서 그림을 통해 진화를 이해하도록 구성되어 있었다. 원자에서부터 사고하는 존재인 인간에 이르는 우주의 진화를 매우 간단한 단어로 아이들이 이해하기 쉽도록 엮은 이 책은 삼시간에 2만 권이나 팔렸다. 지리나 물리에 대한 책도 마찬가지로 이해하기 쉽게 씌어졌다.

특히 충격적이었던 책은 페레가 특별히 요청하여 블로흐Albert Bloch와 야발Paraf Javal이 함께 쓴 《우주의 본질》이었다. 이 책은 존재의 신비를 화학적으로 설명한 것으로써 모든 기적이나 마술을 지적으로 명쾌하게 해명했다.

그밖에도 말베르의 《과학과 종교》라는 책이 〈기독교의 기원〉이라는 독서교재로 사용되었고, 자율적인 왕국을 묘사한 장 그라브의 《논노의 모험》 역시 독서 교재는 물론 연극의 소재로도 사용되었다. 또한 애국심, 전쟁의 공포, 정복의 사악함을 비판한 《비망록》과 《식민지화와 애국심》이라는 책도 아이들에게 매우 유용했다. 그런 책들은 당시의 가톨릭 학교에는 충격이었다. 스페인의 아이들은 그들의 결정적인 원죄를 이유로 영원한 처벌을 받아야 한다는 것과 성경에서 말하는 '낮은 진흙 바다에서 시작된 생명의 연쇄'밖에는 아무 것도 알지 못했다. 그들은 중세의 유산인 비실재적인 언어로 점철된 가톨릭의 가르침을 이해하지도 못한 채 외우고 또 외워야 했다.

페레의 학교에서는 종교교육은 물론 정치교육도 배척되었다. 페레는 이렇게 말했다.

"신성한 힘을 지닌 종교는 억압적인 권력을 만들어 인간성의 발달을 지체시킵니다. 정치 역시 전통 혹은 정치적 독점권력을 행사하는 우월적 존재들의 의지에 따라야 한다고 부추기며 개인의 발달을 지체시킵니다."

정치교육을 배척한 것은 우리에게 시사하는 바가 크다. 페레는 정치는 개인의 재능을 타인에게 맡기는 것이지만, 자유교육은 개인의 모든 재능을 자신이 완전히 장악한 사람들을 양성하는 것이라고 주장했다.

"합리적 교육의 목적은 다른 사람에게 의존하는 한 전제와 노예상태에 머무르게 된다는 것을 아이들에게 보여주는 것입니다. 또한 아이들에게 널리 퍼져있는 무지의 원인을 규명하고, 삶을 현 사회체제에 맡겨 버리는 모든 전통적 관행의 기원을 배우며, 이를 경계하도록 지도하는 것입니다."

실험과 자연체험

페레의 실험적인 책들을 통한 교육법은 육체적 교육과 지적 교육은 지속적으로 상호 보완되어야 한다는 사고에 근거하고 있었다. 책에서 읽은 것을 단순히 기억하는 것만이 지식이라고 할 수는 없었다. 아이들은 공장, 작업장, 실험실에서 수업을 듣고, 그곳에서 구체적인 설명을 통해 직접 배웠다.

또한 산이나 바다, 또는 시골을 여행하면서 지리와 지형을 공부했고 식물채집과 관찰을 통해 '생물'을 배웠다. 수업은 자주 야외에서 이루어져 도시에서는 배우지 못하고 대부분 잊어버린 자연의 거대한 힘에 대해서도 직접 느낄 수 있었다.

남녀공학

남녀공학은 본래 시골에서는 전통적인 교육방식이었으나, 모던 스쿨이 열릴 당시 도시에서는 지극히 드물었다. 그러나 당시 문명국에서는 일반적으로 행해지고 있었다. 모던 스쿨에서 남녀공학을 채택한 페레는 매우 조심스럽게 부모를 설득하였다.

페레는 회보 제2호에서 남녀공학 및 여성교육의 필요성을 강조하면서 남녀의 상보성을 강조하였다. 먼저 그는 여성이 "끊임없이 남성의 절대적인 지배를 받아온 존재"라고 파악했으나 "남성은 여성보다 열등하지도 우월하지도 않다"고 주장했다.

페레는 양성이 다른 특성을 갖는다고 보았다. 즉 심리학과 사회학의 연구 결과 남성에게는 이성과 진보적인 정신, 여성에게는 도덕적 감성과 보수적인 정신이라는 특징이 있다는 것이다. 그리고 "여성이 철학적이고 과학적인 문제에 대해 교육을 받는다면 여성의 보수적인 능력은 진보적인 사고의 발달에 불리한 것이 아니라, 오히려 유리할 것"이라고 주장했다.

페레는 "여성은 가정에 묶여 있어서는 안 된다. 여성은 양과 질에서 공히 남성과 같은 것들을 배워야 한다"고 주장했다.

"여성의 마음에 과학이 자리 잡을 때, 여성의 풍부한 정서, 자연적인 특질은 남성들에게 평화와 행복을 가져다주는 기쁜 전조가 될 것입니다."

페레의 이러한 여성관은 가톨릭의 강력한 영향 하에 봉건적인 남성중심주의가 지배적이었던 시대상황에서는 가히 혁명적인 것이었다.

다양한 계급이 같이 배우게 하라

페레는 남녀공학과 함께 다양한 사회계급 출신의 공학을 주장했다. 만약 가난한 아동만을 모아 가르친다면 저항심이 강해질 것이다. 페레는 피억압자와 피착취자에게는 저항권이 있으나, 아동에게는 그러한 갈망과 증오, 집착과 반항을 기대해서는 안 된다고 주장했다.

"아동에게 사람이 되라고 가르쳐야 합니다. 그들이 사람이 될 때, 비로소 불의에 반항한다고 자신 있게 선언할 수 있을 것입니다."

한편 부유한 출신의 아동만을 가르치는 경우, 그 학교는 특권의 유지와 그들의 이권 확보를 고집하게 된다. 따라서 "오직 건강하고 각성한 학교만이 빈자와 부자를 공학시켜, 순수한 아동기를 평등한 정신속에서 보냄으로써 한 계급이 다른 계급과 접촉하도록 가르친다."

그래서 페레는 "모든 사회계급의 아이들을 한 교실에서 수업하게 하기로 결정했다. 그리고 그들의 부모나 후견인들의 환경을 모두 고려하는 조직을 꾸렸다." 그래서 수업료도 빈민의 경우 무료로 하고 재산에 따라 부과하는 방식을 취했다.

상벌, 시험, 체벌의 폐지

교육은 오류와 무지에 맞서는 수단이다. 계급 차별과 이해관계의 지속적인 대립을 유지시키는 사회적 부조리를 극복하기 위한 것이 남녀공학과 빈부계층 자녀의 공학이고, 상벌과 시험의 폐지이다. 시험을 통해 상을 주어 자만심을 갖게 하거나, 벌을 주어 무능과 실패 의식을 갖게 하여 아이를 불행하게 만들어서는 안 된다.

페레는 교육이 특정한 목적을 위한 것이 아니므로 유능한 아동과 무능한 아동을 구별해서는 안 된다고 주장했다. 페레는 특별한 보호, 애정, 칭찬, 무관심, 미움, 처벌 등의 불평등한 차별이나 규정 및 조건을 가하는 특별주의를 거부했다. 그 결과 아동은 자신을 제어하고 모든 점에서 그 자신의 삶을 꾸려나갈 수 있는 능력을 갖추고 사회로 진출했다.

페레는 시험을 철저히 부정했다. 시험은 오직 부모들의 허영심과 교사들의 이기심을 만족시키기 위해 아동을 고문하고 상처 주는 것에 불과했다. 시험은 특히 이미 만들어진 지식을 판에 박히게 되풀이하면서 기계적인 지식의 암기를 평가하는 것에 불과했다. 페레는 아동의 이익에 도움이 되지 않는 시험이 교육의 본연의 기능에 반하는 것이라고 생각했다.

또한 규칙을 어겼다는 이유로 가해지는 어떠한 도덕적 신체적 처벌도 금지했다. 비난, 초조, 분노는 마스터master라는 경칭과 함께 없어져야 했다. 자유학교에서는 평화, 환희, 그리고 우애만이 존재해야 했다.

민중교육

페레는 매주 일요일에 민중교육을 실시했다. 이는 소수에게만 주어진 과학지식을 모두에게 알리는 차원에서 시행되었다. 저명한 교수들이 강연을 했고, 매주 일요일, 문화단체에 대한 자원봉사활동도 이루어졌다.

교육의 결과

페레의 자유교육이 어느 정도 성과를 올렸는지, 졸업생의 진로는 어땠는지 등에 대해서 알 수 있는 객관적인 자료는 남아있지 않다. 당시 모던 스쿨이 스페인이나 외국 교육에 준 영향을 통해서만 그 성과를 짐작할 수 있을 뿐이다. 그러나 학교 소식지에 발표된 다음과 같은 학생들의 글을 읽어보면 페레가 가진 교육철학의 성과를 짐작할 수 있다.

교육
교육은 그 내용에 따라 매우 좋을 수도 있고 매우 나쁠 수도 있다. 예컨대 과학처럼 합리적인 것을 가르치면 좋다. 반대로 종교와 같은 형이상학적인 것을 가르치면 나쁘다.

투우
로마시대의 노예는 사자나 호랑이, 혹은 다른 노예와 서로 싸워야 했다. 잔혹한 군중은 승자에게 패자를 죽이게 했다. 지금 우리는 더 이상 그런 짓을 하지 않지만 여전히 투우를 즐긴다. 그 불쌍한 동물을 화나게 만들고 결국은 죽인다. 이런 고문과 죽음의 장면을 즐기다니 도대체 어떻게 되어 먹은 인간들인가?

정부와 군인들

정부는 정의롭지 못한 것을 명령하고 허가한다. 예컨대 권력은 입대를 강요하고 군인들을 전쟁터에 보내지만 그들의 희생에 대해 아무런 보상도 하지 않는다. 만약 사람을 죽이고 방화하도록 강요 당한 군인이 스스로 살인을 하거나 방화할 필요가 없다고 느낀다면, 전쟁의 이익을 향유하는 자들에게 맞서 스스로 싸워야 할 것이다.

지식

음식을 먹어야 육체를 유지할 수 있는 것처럼 지식이 있어야 지성적인 사람이 될 수 있다. 지식은 인간의 정신을 고양시키며 정화시키고 아름답게 하여 인류를 완전하게 만든다. 그 수단으로 우리는 사회적 문제를 해결해야 하고, 정의의 왕국을 수립해야 한다. 지식은 인류가 스스로 하나의 참된 가족이 되어 서로 참된 형제처럼 사랑하는 데 쓰여야 한다.

종교

종교는 우리가 과학을 믿거나 그 가르침을 실천해서는 안 된다고 말한다. 그들은 전지전능한 신이 있다고 말한다. 그렇다면 왜 신은 부자가 빈민을 착취하는 것을 그대로 두는가?

경찰
경찰은 가족을 위해 빵 한 조각 훔친 불행한 사람들을 체포하고 감옥에 가두어 그 불행을 더욱 가중시킨다.

기생충
식물계나 동물계에는 스스로는 아무 것도 하지 않고 다른 것에 기생하여 사는 기생충이 있다. 인간사회에도 그런 기생충이 있다. 부자와 사제는 노동자가 완전히 죽을 때까지 그에게 의존하여 산다.

여기서 12살 어린이가 쓴 편지를 읽어보자.

우리는 종교, 재산, 전쟁, 정부와 같은 사회의 악에 대해 말할 수 있다. 그것은 선생님의 설명에 의해서만이 아니라 우리 자신이 정의와 진실에 대한 이해에 도달했기 때문이다. 우리는 진실을 알기 때문에, 그것이 인간성에 미치는 재앙을 알기 때문에, 그리고 풍요하고 행복한 삶을 이룩하고 싶기 때문에, 스스로 생각하며, 자유와 평등의 연대 속에서 모든 인류와 단결한다.

3. 스페인의 드레퓌스

비극의 일주일

20세기 초 스페인은 세기말과 다를 바 없었다. 여러 측면에서 모순과 대립이 극에 달하고 있었다. 종래의 마드리드 중심의 중앙집권적 국가체제와 카탈루냐와 바스크 중심의 지방자치주의의 대립, 농촌과 도시의 사회구조적 격차, 소수 기득권층에게만 봉사하는 의회와 강력한 조합의 지도하에 결집한 대중 사이의 괴리, 유럽식 현대화를 주장하는 청년 지식인과 전통주의를 고집하는 보수주의자의 대립 등 그야말로 총체적인 모순을 안고 있었다.

1909년 유일하게 남은 식민지 모로코에서 폭동이 터지자 정부는 부족한 병력을 보충하기 위해 기혼자 예비역을 소집하려 했지만 시민들의 강력한 저항에 부딪혔다. 한편 장교는 당시 귀족과 지주계급 자녀, 사관학교 졸업자의 유일한 출세 코스여서 모로코 스페인군은 장교와 사병의 비율이 1 대 3이라는 기형적인 구조를 가지고 있었다. 이는 귀족과 농민의 비율이 1 대 3이라는 것과 일치했다.

예비역 소집에 저항하는 반전운동은 전국적으로 확대되어 대규모 파업으로 발전하였고 가톨릭교회와 수도원이 파괴되는 '비극의 일주일'로 이어졌다. 그때 스페인 정부는 세계적인 교육가이자 비종교적 과학주의를 기초로 근대학교를 설립한 페레를 그 사건의 선동자로 지목하였다. 그는 즉각 처형되었고, 스페인 정부는 곧바로 국제적인 비난에 휩싸였다.

모랄 사건

설립 후 자유학교의 5년은 평화로웠다. 1906년 4월 12일, 카탈루냐 지역 자유학교에 다니던 1,700명의 학생이 바르셀로나의 반가톨릭 페스티벌에 참가했다. 그것은 가톨릭 정당에게는 매우 위협적이고, 사회적으로도 죄악시되는 행사였다. 그 6주 후인 5월 31일, 모던 스쿨의 사서였던 마테오 모랄Mateo Morall이, 결혼한 후 거리 행진을 하는 스페인 국왕 부처를 향해 폭탄을 던졌다.

국왕 부처는 무사했지만 15명이 죽고 많은 사람들이 부상을 당했다. 모랄은 암살에 실패한 뒤 자살했다. 페레는 즉각 체포되었고 모던 스쿨과 여타의 학교들이 폐교되었다. 페레는 모랄의 공범으로 취급되지는 않았으나 그 사건은 그의 종말을 예고하고 있었다.

모랄은 부유한 집안 출신의 젊은이로서 열정이 넘치는 지식인이었다. 그는 모던 스쿨의 사서로 도서관에서 열심히 일했고 언어에 밝아 페레의 교과서 저술 작업에 필요한 번역 일도 도왔다. 그러나 페레가 모랄과 관련된 것은 그것뿐이었다.

그러나 페레는 그 범죄에 대한 공범으로 기소되어 재판을 받기 전 1년을 마드리드의 모델 감옥에서 보내야 했다. 그곳 생활은 2년 뒤 이송될 바르셀로나 감옥처럼 잔인하지는 않았다. 페레는 1907년 6월 3일부터 6일간 첫 재판을 군사법정에서 받았다. 검찰 측은 페레가 모랄을 안다는 사실 이외에 사전공모를 입증할 수 없었다. 그럼에도 불구하고 재판은 계속되었다.

예컨대 페레가 모랄에게 잠자리를 제공하고, 모랄이 폭탄을 던지기 전에 머물렀던 마드리의 호텔에 페레가 과거에 묵은 적이 있으며, 그때 모랄이 만난 사람에게 페레가 돈을 보낸 적이 있고, 모랄이 실연당한 여성이 페레와 관련되었다는 것 등 공모의 증거라고 말할 수도 없는 잡다한 것들이 증거로 채택되었다.

사건 당시 페레는 영국을 방문 중이었다. 기간은 4월부터 6월 중순까지였다. 그는 몇 달 더 머물고자 했으나 사랑하는 조카가 중병을 앓고 있다는 소식을 듣고 바르셀로나로 돌아와야 했다. 페레의 죄는 스페인의 아이들에게 과학을 가르쳤다는 것뿐이었다. 그밖에 다른 것은 없었다.

세계 아나키스트의 괴수

1909년 7월, 스페인에서 군사봉기가 터졌다. 그것은 스페인 역사에서 가장 주목할 만한 반군사주의적 항거였다. 군인들까지 스페인 정부에 항거하여 소수민족 바스크(바스크는 스페인과 인종과 언어가 달라 스페인과 융화되기를 거부하며, 자신들이 유럽에서 가장 오래된 민족이라는 자부심을 가지고 있었다. 19세기까지는 자치권이 인정되었는데, 피레네 산맥 프랑스 쪽에 사는 바스크 계통의 주민들이 독립국을 만들려는 운동을 벌이기도 했다.)를 학살하는 것에 동참하기를 거부했다. 국민들은 강제로 전쟁터로 끌려갔다.

같은 해 9월 1일, 페레는 이 사건과 연루되어 다시 체포되어 10월 13일에 형식적인 재판을 거친 뒤 몬주익 감옥에 갇혔다가 그곳에서 처형당했다. 당시 그가 감옥에서 지인들에게 보낸 편지를 보면 자신이 사형을 당할 것이라고는 생각지도 못했음을 알 수 있다. 그 자신뿐 아니라 친구들도 그가 처형되리라고는 꿈도 꾸지 않았다. 그의 무죄는 너무나도 확실한 것이었기 때문이다.

첫 번째 기소장에는 군사봉기에 대한 혐의사실이 없고, 페레가 무신론 학교를 세우고 무신론 문헌을 배포했다는 죄가 혐의사실로 기재되었다. 그러나 그것을 이유로 페레를 처형할 수는 없었다. 다른 혐의가 추가되어야 했다. 정부는 그가 군사봉기와 연루되었다는 사실을 조작했다. 검찰은 그 조작을 위해 페레가 만난 적도 없는 72명의 가짜 증인을 동원했다.

무엇보다도 중요한 점은 군사봉기 자체가 전혀 조직적으로 준비되지 않은 채 발생한 자발적이고 우발적인 사건이라는 점이었다. 그러므로 페레가 그것을 조직적으로 준비했다는 혐의는 애초부터 성립되지 않았다. 실제로 봉기가 터진 7월 5일, 페레는 동료들과 출판에 대한 논의를 하고 있었다.

그러나 죽기 열흘 전 그는 검사에게 사형을 구형받았다. 죄목은 그가 경찰을 비난했고, 세계 아나키스트의 '괴수'로 프랑스의 노동조합 결성을 지지했으며, 세계 곳곳의 반란과 음모에 연루되었다는 것이었다. 런던과 파리를 여행한 것도 그런 목적과 연관되었다고 했다. 경찰과 재판관에게 제출된 모든 증거가 거짓말과 중상모략으로 가득 찬 것이었지만 페레는 결국 처형되었다.

그의 죽음에 대해 국내외에서 비난여론이 들끓었다. 이탈리아의 거리에는 페레의 이름이 나붙었고, 프랑스에서는 혁명적 순교자의 목록에 그의 이름이 올랐으며, 미국에서는 페레 협회가 탄생했다. 또한 영국에서도 다수의 전기가 출간되었다.

페레의 죽음이 남긴 것들

페레는 억울하게 죽었지만, 그의 영향은 스페인의 교육과 사회에 깊고 넓게 나타났다. 1909년 모든 스페인에 의무교육 실시에 대한 법률이 제정되었고, 공립학교에 남녀공학이 도입되었다. 가톨릭은 남녀공학에 반대했으나 시대를 거스를 수는 없었다. 1920년대 대학생 중 여성의 비율은 2.2%였으나 1930년대에는 8.9%로 높아졌다.

앞서 말한 바대로 스페인에서는 정부의 교육정책과는 다른 민간 차원의 교육 실험이 19세기부터 존재했었다. 20세기에는 그 전통 위에서 동일한 학술확장위원회가 설치되어 시민전쟁 이전까지 1,500여 명의 학생을 외국에 유학시키고 연구소와 실험실에서 수많은 연구자와 교육자가 양성되었다. 또한 우수한 시골 학생들을 위해서 기숙사가 설치되었다. 스페인 현대문화의 천재들인 로르카(스페인의 시인이자 극작가로 1931년 제2공화국 정부가 성립되자, 대학생 극단 '바라카'를 조직, 농촌을 순회하며 공연을 벌이는 등 연극의 보급과 고전극의 부활에 힘썼다. 1936년, 스페인전쟁 초기 그라나다에서 프랑코 측에 의하여 사살되었다.), 달리(스페인의 초현실주의 화가로 바르셀로나와 마드리드의 미술학교에서 공부하였다. 그의 친구 브뉴엘과 합작한 전위영화 〈안달루시아의 개〉와 〈황금시대〉는 영화사에서 빼놓을 수 없는 독자적인 의의를 남겼다.), 브뉴엘은 모두 그 기숙사 출신이었다.

그 위원회는 1918년 자유교육학원의 전통에 따라 교과서도 시험도 없는 새로운 교육법을 시행하는 초등학교를 열었다. 민요를 중심으로 한 음악교육, 미술관과 박물관 견학, 역사순례, 원어민에 의한 외국어교육과 같은 새로운 교과과정이 개설되었다. 모두 페레의 자유학교가 끼친 영향이었다.

한편 사회적 영향도 무시할 수 없다. 페레의 처형에 항의하는 세력에 대한 정부의 강력한 탄압은 반정부세력, 특히 정부가 가장 증오한 아나키스트들의 조직이 강화되는 결과를 낳았다. 1911년 CNT가 결속되고 2년 뒤 농민조직인 '스페인농민 전국연합'이 창립되었다. 1914

년 제1차 세계대전이 터지자 아나키스트를 비롯한 진보세력은 영국과 프랑스를 지지하였는데, 군대와 보수세력이 독일을 지지하자 정부는 중립을 결정할 수밖에 없었다. 중립국인 스페인은 교전국을 상대로 장사가 가능해져 오랜만에 경제적 호황을 누리기는 했지만 물가의 폭등은 국민생활을 도탄에 빠뜨렸다.

1916년에는 UGT와 CNT가 모로코전쟁 반대와 물가억제를 요구하며 공동으로 전국 총파업을 벌이고 1917년에는 각각 20만 명, 10만 명이 참여하여-경제문제만이 아니라-임시정부 수립, 왕정 폐지를 포함한 전면적인 정치개혁을 요구하는 '혁명파업'을 단행했다.

이어 러시아혁명의 영향을 받은 '볼셰비키의 3년'이라는 혁명의 계절이 1918년부터 1920년까지 이어졌다. 당시에는 농촌에서 친구를 공산주의자라고 불렀을 정도로 혁명가에 대해 호의적이었다. 그러나 도망법이라고 하는 악법이 제정되어 경찰이 체포한 용의자에게 도망하려 했다는 누명을 씌워 등 뒤에서 총살하는 관행이 이어졌다.

제1차 세계대전이 끝나면서 스페인 경제의 호황도 끝났다. 그 결과 노동조합은 더욱 커져 조합원은 1920년에 CNT가 1백만 명, UGT가 20만 명을 넘어섰다. 동시에 모로코에서 민족해방운동이 다시 불붙고 스페인 군대가 패하자 이를 추궁하는 의회와 쿠데타를 일으키려는 군대가 대립하였고, 결국 군사정권이 수립되어 CNT와 공산당이 해산되었다. 한편 사회노동당과 UGT는 군사정권에 협력했다.

그러나 1929년 세계 대공황으로 인해 스페인에 위기가 찾아왔다. 1931년 총선에서 공화파가 승리하고 공화국이 탄생하였다. 오랜 세월

동안 이어져온 국왕독재체제가 끝난 것이었다. 그해 임시정부가 수립
되고 공화국 제헌선거에서 공화파가 다수를 차지하여 제2공화국 헌법
이 제정되었다.

제3장 페레의 교육론

1. 자유로운 인간을 만드는 교육

제도교육을 넘어서

이제 페레를 통해서 살펴본 자유교육에 대한 긴 설명을 정리해야겠다. 그것이 우리 교육에 대해 어떤 시사점을 주는지는 여러분이 찾아야 할 몫이다. 여러분은 이 글과 함께 이 책에 실린 페레의 글을 읽고서 더욱 본질적인 시사를 받을 수 있으리라 생각된다. 이 글이 페레의 글을 읽는데 최소한의 안내가 되었으면 하는 바람이다.

페레 자신이 말한 대로 모던 스쿨은 완벽하지 않았지만 미래학교의 선구였고, 그것은 뒤이어 많은 자유학교를 낳는 배경이 되었다. 페레의 삶은 스페인의 긴 민주화 투쟁의 불씨가 되어 지금까지도 이어지고 있다. 이제 마지막으로 그가 죽은 직후 《어머니 대지》에 발표된 그의 교육론을 음미해보자.

교육의 모든 가치는 아이의 육체적 지적 도덕적 의지에 있습니다. 사실만으로 그 역할을 다 하는 과학처럼 교육도 모든 교조주의에서 벗어나야 합니다. 교조주의는 아이들이 나아갈 방향 자체를 고정시키고, 아이에게 그 뒤만 따르게 만듭니다. 교육은 항상 의무를 부여하고 위반했다고 지적하며 규제하는 것이었습니다.

참된 교육자는 자신의 생각과 성향에 아이들이 맹목적으로 따르지 않도록 최선을 다해 지도하는 사람입니다. 아이 자신의 에너지를 극대화하도록 해줄 수 있는 사람이 최고의 교사입니다.

미래의 교육은 전적으로 자발적인 본성을 발현하는 교육이어야 합니다. 그것은 삶에 대한 폭넓은 이해의 방향으로 이루어지는 방법적 진보입니다. 우리에겐 끊임없이 진보할 능력이 있습니다. 그러기 위해서는 인간에게 지적 독립이 가장 큰 힘이 되어야 합니다.

우리는 개인을 보다 자유로운 인간으로 만드는 방향으로 교육을 강화하고자 합니다. 우리는 현행 학교에서 문제가 되는 모든 조직적 규제, 자연과 생활을 분리시키는 모든 인위적 장벽들을 없앨 수 있습니다. 우리는 자연적 본성을 말살하고, 아이들에게 기존의 관념을 주입하는 지식교육과 도덕교육을 폐지할 수 있습니다. 이런 조건에서만 우리는 과학과 노동의 성취들을 자유롭고 풍성하게 적용할 수 있습니다. 우리는 모든 희망을 다 이룰 수 없다는 사실도 잘 압니다. 때로는 지식의 부족으로 바람직하지 않은 방법을 동원하기도 합니다. 그러나 우리는 확신을 가지고 노력해야 합니다. 우리의 목적에 완전히 이르지 못한다 해도 우리는 현재의 교육적 성취에 안주하기보다는 불확실한 작업을 더욱 실험해나가야 합니다.

나는 현행 교육의 주제가 되고 있는 세계적 지식이나 지적 결함보다도 사람들이 아무것도 아닌 것으로 알기 쉬운 어린이들의 자유로운 자발성을 중요하게 생각합 니다.

페레는 우리에게 무엇을 가르쳐 주는가? 교육에 대한 우리의 고정관념, 곧 학교에서는 교과서로 학습해야 하고, 수험경쟁은 인생을 단련하는 것으로 유익하며, 모든 아동에 대한 동일한 내용의 교육은 민주적이고, 모든 교사는 학생에 우월하며, 유능한 교사는 선의의 체벌 등을 통하여 순종하는 아이를 만드는 것이라는 사실에 의문을 제기하고 있는 것이 아닌가?

이에 대해 자유교육, 곧 스스로 자신의 생각과 행동을 결정할 줄 아는 자유로운 인간을 만드는 교육이 올바른 것이고, 수험경쟁으로 상징되는 오늘의 교육은 인간이 아니라 노예를 만드는 것이며, 모든 아동에 대한 능력별 교육이야말로 민주적인 것이며, 교사와 학생은 동등하고, 유능한 교사는 아동이 자율성을 신장시키는 것을 도와주어야 한다는 것이 페레의 생각이다. 공포와 억압에 의해서가 아니라 자유와 평등 속에서 함께 하는 생활을 통하여 스스로 인간관계를 배우는 것이 '참교육'이라는 것이다.

자유교육은 아동을 멋대로 방치하는 것이 아니다. 또한 현재의 학교교육에 자유의 요소를 단순히 가미하는 것을 의미하지도 않는다. 나아가 미국식 자유주의 교육사상을 뜻하지도 않는다.

자유교육은 기본적으로 현재의 제도교육의 틀을 깨는 것을 뜻한다. 여기서 편의상 학교교육의 자유지수라는 것을 상정한다면 자유학교는 그 최고의 학교라고 할 수 있다. 비교하자면 서양의 진보주의학교를 그 아래에 둘 수 있고, 그 아래에 서양의 일반학교(및 한국식의 열린 학교)를 둘 수 있다. 그 마지막에 자유지수가 가장 낮은 학교로 극동의 일반학교를 둘 수 있다고 생각하는데 그 순위도 중국, 일본, 한국의 순이 아닌가 한다. 교사와 학생수의 비교 비율에서 드러난 한국의 세계 최하위 교육환경은 실은 그 내용 면에서 볼 때 더욱 심각하다.

우리의 학력우월주의, 질 낮은 교육풍토, 학연주의, 지식우월주의, 교과서 중심주의, 수험 경쟁, 학원의 권위주의 등은 세계적으로 그 유례를 찾아보기 어렵다. 일제가 남긴 찌꺼기라고 하지만, 오히려 오늘의 일본보다 더욱 심각하다. 대학교육의 질과 양은 형편없고 그 전의 교육단계에서는 다른 나라에서는 상상도 할 수 없는 엄청난 전문지식이 강제로 그리고 획일적으로 주입된다.

어린이들은 놀이를 잊고 자율성을 상실하고 배우기는 해도 말 한마디 글 한 줄 제대로 표현하지 못한다. 수험경쟁으로 정서가 메말라 이기심으로 마음은 더욱 척박해지고, 도덕과 윤리가 피폐해지고 있다.

이제 우리가 선택할 수 있는 유일한 길은 아이들에게 더 이상 공부를 시키지 않는 것이다. 자유롭게 놀게 하고 즐겁게 말하며 읽고 쓰도록 그리고 생각하고 느끼게 하는 것이다. 그리고 교사는 권위를 버리고 학생과 평등하게 행동하는 것이다. 교사의 독재는 사회의 독재, 정치의 독재를 허용하는 기반이다. 학교의 비민주화는 사회와 국가의 전제주의의 첨경이다. 아이를 폭행하는 전제적인 교사가 민주화를 논하며 교사노동조합을 주장할 수는 없다.

자유학교의 선구자들

자유학교는 페레에 의해서만 주장되고 실험된 것이 아니다. 자유학교의 뿌리는 더욱 과거로 거슬러 올라간다. 18세기말 빈곤한 아이들의 아버지였던 스위스의 국민교육가 페스탈로치, 19세기 러시아의 개혁을 위하여 농민교육을 제창한 톨스토이, 1870년 투린의 가톨릭 성자 돈 보스코(돈 보스코는 수도회를 통해 빈곤층의 아동을 교육했고, 그의 공업학교, 일요학교, 야간학교 등은 큰 성과로 꼽힌다.)가 그 선구자였다.

페레와 비슷한 시대에도 여러 나라에서 자유교육에 대한 시도가 있었다. 19세기말 노동자 자녀교육을 시작한 슈타이너(독일의 발도르프 담배공장에서 일하는 노동자의 아이들을 위해 학교를 열었다. 슈타이너를 초대하고 노동자를 위한 강의를 부탁한 공장주는 강의에 감격하여 학교를 세우자고 했다. 미국의 첫 발도르프 학교는 1928년 뉴욕에서 문을 열었다.), 20세기 초엽 보이스 타운을 만든 미국의 프라너칸 신부, 제1차 세계대전 이후 글쓰기 교육을 중심으로 한 프랑스의 프레네(그는 정형화된 틀이 아닌 커다란 방향성만 제시하고 현장성을 강조하여 교사마다 학교마다 수업이 다르게 진행되어야 한다고 믿었다. 프레네 교육은 대부분의 대안교육운동이 그러하듯 효율과 경쟁, 지식 전수를 강조하지 않고 무슨 문제가 닥치더라도 스스로 상황을 분석하고 능력에 맞게 대응하며 자신이 한 일에 철저히 책임지는 능력을 키워주는 것을 목표로 했다.), 1920~1935년에 우크라이나에서 소년 콜로니아를 경영한 공산주의자 마카렌코(마카렌코는 1928년부터 1935년까지 소년범 형무소인 제르진스키 기념 코뮌을 지도하면서 청소년의 생산노동과 집단교육과의 결합을 주장하였다. '집단에서의 집단을 통한 집단을 위한 교육'을 교육의 이상형으로 생각하였다.) 등이 있었다. 그들이 추구한 자유학교의 공통점은 다음과 같다. 첫째, 일반적으로 통용되는 사회적 기준보다도 아이들의 기본적인 요구에 착안한다. 둘째, 교육의 자주성을 중시한다. 따라서 외부의 요청에 의해 교육이 결정되는 사태가 생길 수 없다. 셋째, 성인을 대하는 것과 마찬가지로 아이들을 진실하게 대한다. 청소년의 자주관리, 자기책임, 자주규율을 인정하며, 동시에 높은 책임도 부과한다. 넷째, 공동생활, 집단생활에서의 사회적 학습을 가장 중요한 교육수단으로 삼는다. 다섯째, 청소년에게 그들의 삶을 현실적으로 바라보게 하고 그것에 근거함과 동시에 현실생활과 유리되지 않는 교육동기를 명확하게 부여한다. 여섯째, 생산적인 노동과 노동의 의미를 잊지 않고 공동체를 위해 교육시킨다. 일곱째, 가치, 목적, 인격과 결합된 교육관을 가지고 사회적 상호관계에 의한 자기실현과 자아의 발견을 목표로 한다. 여덟째, 미완성이라는 개념을 전제하므로 교육의 경직화를 피하고 개방성을 보장한다.

자유(교육)학교라고 하는 말은 조금씩은 다르게 쓰이는 여러 가지 말들을 하나로 묶은 것이다. 자유학교, 열린 학교, 대안학교, 공동체학교, 새로운 학교, 선구적인 학교, 비정규 학교, 재택학교, 진보주의학교, 아동중심주의학교, 반권위주의학교, 실험학교, 전원학교, 벽이 없는 학교, 탈학교 등등 나라나 시대에 따라, 또는 학자나 교육자에 따라 달리 사용하는 말들을 모두 아우른다. 여기서는 그것들이 모두 공통되게 자유를 추구하는 교육이라는 점에서 자유(교육)학교라고 한다. 이 학교들의 공통성을 다음과 같이 나눌 수 있다.

(1) 교육목적의 변혁 : 권위복종형의 인간상이 아니라 기존의 권위를 비판하고 자립하여 살아갈 수 있는 태도와 능력을 갖춘 인간상을 추구, 학생의 자기결정권 존중.

(2) 교육내용의 확대 : 종교나 고전 대신 현대어, 과학, 창작 및 표현활동을 중시.

(3) 교육방법의 개혁 : 학생의 자발성을 중시, 개별학습, 생활학습, 실험학습의 도입, 담임제 철폐와 팀별 학습을 도입, 학급 및 학년제의 해체.

(4) 교육환경의 개혁 : 교사의 고압적 권위의 배제와 공동생활의 존중, 교육공간의 완전개방, 체벌의 금지, 모임 중시, 교사와 학생이 공동 결정하는 1인1표주의), 교사 채용시 학생참여 인정.

그러나 1920년대 이후, 가령 영국의 닐이 만든 서머힐 같은 고전적 자유학교가 아닌 1970년대 이후의 현대적 자유학교는 다시 다음과 같은 특징을 갖는다.

(1) 아동의 자발적인 행동과 판단을 철저히 인정, 등교와 수업 선택의 자유 인정.

(2) 소규모로서 전용교사가 없는 경우도 있음.

(3) 소위 문제아동, 빈민아동의 중시.

(4) 전원이 아닌 대도시 빈민지역에 위치.

(5) 인권, 반전 반핵, 빈민해방, 여성해방에 관심.

(6) 지역사회와 긴밀한 관계 유지, 지역에서 배우고 지역 주민과 협조.

(7) 보호자가 학교 운영에 적극적으로 참여.

자발성, 자주성, 주체성의 원리

교육에서 아동의 주체성이 중요하지 않다고 하는 사람은 없다. 문제는 그 내용이다. 자유교육학교에서는 등하교나 수업출석도 학생의 자발성에 맡긴다. 징벌이나 체벌이 일체 부정된다. 체벌을 가하는 교사는 즉각 해고되기도 한다.

강압만이 아니라 교묘하게 학생들에게 지식을 주입하는 조작도 금지된다. 닐은 강압적 교사를 하드 보스$^{hard\ boss}$, 조작적 교사를 소프트 보스$^{soft\ boss}$라고 불렀고 전자보다 후자가 더욱 유해하다고 했다. 프롬 식으로 말하자면 '드러난 권위'와 '숨겨진 권위'가 된다. 어느 것이나 아이들의 자발성을 해치기는 마찬가지지만 '숨겨진 권위'의 해악이 더 크다는 것이다.

그렇다면 자유교육학교의 교사는 무엇을 하는가? 일반적인 예상과는 달리 수업준비 부담이 전통적 학교보다도 더욱 과중하다. 출석이 강제되지 않으므로 유능하고 성실한 교사의 수업은 만원이 되고 무능하고 불성실한 교사의 수업은 없어지게 된다. 여기서 그 이유를 아이들이나 부모 탓으로 돌리는 것은 있을 수 없다.

따라서 자유교육은 교사의 자유와는 무관한 것이다. 그들은 아이들을 방임할 수 없다. 아이들의 마음을 이끌기 위해 여러 가지 다양한 준비를 해야 한다. 아이들은 여러 학습 프로그램 중에서 기호와 능력에 맞는 것을 골라 학습계획을 스스로 세우고 교사는 그에 적극 호응해야 한다. 또한 교사의 학습 성과 평가에도 아이들이 참여한다.

개성과 개인차

교육에서 개성을 중시하지 않는 사람은 없다. 그러나 동일한 교과서로 동일한 방법에 의해 가르치는 경우에는 애초부터 개성이 있을 수 없다. 우리는 소화능력에 상관없이 동일한 식사량을 강요하고 그 소화량에 따라 능력을 판단한다. 아무 말 없이 무조건 많이 먹으면 우수한 아이가 되고 소화불량을 일으키면 열등한 아이가 된다. 교과학습량만으로 아이는 평가된다. 이런 상황에서 개성이 강한 아이가 열외가 되는 것은 당연하다.

그러나 자유교육의 내용은 개성과 개인차에 따라 다르다. 개인차는 당연한 것으로 인정된다. 예컨대 자기가 좋아하는 방(미술실이나 공작실)에만 몇 달을 다녀도 무방하다. 통일되고 획일적인 기준으로 비교하거나 경쟁시켜서는 안 된다. 평가도 단계별평가가 아니라 개성을 존중하는 것이어야 한다.

표준화된 시험도 없다. 시험이 있어도 그것은 교사의 교육성과를 평가하기 위한 것이지 아이들의 능력을 평가하기 위한 것이 아니다. 우등생, 열등생 대신 미술 또는 음악 혹은 다른 무엇을 좋아하는 아이가 있을 뿐이다. 자유학교에는 학년제, 학급제도 없다. 다른 나이의 아이들이 함께 배운다. 모든 아이들은 나름의 학습계획을 갖는다. 따라서 자유학교는 대부분 규모가 작다.

활동하면서 배운다

자유학교에는 단일한 교과서 대신 여러 가지 교재가 사용된다. 서구에서는 공립학교에서도 교과서를 거의 사용하지 않고 교재의 일부로 이용하고 있으나 자유학교에서는 그것도 무시된다. 있어도 교사가 스스로 만든 것이 대부분이고 그것도 극히 예외적인 경우에만 사용된다. 교육은 책이 아니라 스스로의 활동이나 직접체험에 의해 이루어지기 때문이다. 요리, 농사, 사육, 여행, 인쇄, 토목, 견학 등이 수업의 주내용이다. 읽기나 산수 등의 기초학습도 그러한 활동을 통하여 이루어진다.

그것은 실용, 직업, 육체교육의 중시 또는 정규수업 외의 휴식이라는 차원에서 실시되는 것이 아니다. 모든 학습이 그런 식으로 교사에 의해 조직된다. 국어, 산수, 사회, 자연과 같은 과목으로 분화되는 것이 아니라 하나의 활동 속에 그 모두가 종합적으로 포함된다. 이른바 '행동함으로써 배우는 것learning by doing'이다. 그런 수업을 준비하기 위해 교사는 지역사회와 매우 긴밀히 협조해야 한다. 아이들을 데리고 나가 여러 곳을 보여주고 여러 사람들을 만나서 배우게 한다. 지역에서 배우며 지역과 공존하는 열린 학교이다. 자유학교에서는 놀이도 중시된다. 놀이를 통해 감정을 마음껏 표현하게 하고 자기주장과 협력의 필요성 및 유용성을 스스로 익히게 한다.

새로운 자유교육이념의 수립

자유학교의 교사는 권위를 갖지 않는다. 수업 등의 담당자나 공동생활의 선배로서 조언을 할 수는 있어도 규칙을 위반했다는 이유로 징벌을 가하지 않는다. 따라서 교사는 공포의 대상이 아니다. 교사와 학생은 서로 이름을 부른다. 학생은 모임을 통하여 학교 운영에 적극 참여하고 토의한다. 교장도 1표, 학생도 1표를 행사한다. 부모도 참여한다. 부모나 주민을 위한 야간학교도 열린다. 교장은 있어도 교사와의 관계가 상하관계가 아니다. 급여도 같다.

위에서 본 자유교육학교의 자발성, 개성, 생활, 참여의 원리는 우리의 교사중심주의, 획일적인 능력주의, 교재중심주의, 관리독점주의와는 반대되는 것들이다. 우리는 무의식중에 그런 현실에 젖어 있으므로 근본적인 자기해방 없이 자유교육을 주장하기는 어렵다. 자유교육의 학습성취도는 전통적 학교와 비교하여 높고 사회적응력도 마찬가지이다. 따라서 그 성과에 대해 의문을 제기할 수 없다. 우리에게도 가능한 것이 무엇이 있는지를 고뇌해야 한다. 전통적인 서당교육의 장점을 되살리고 선진국의 경험을 참조하여 우리 실정에 맞는 새로운 자유교육이념이 수립되어야 한다.

페레와 닐

이 글의 머리말에서도 말했듯이 현대자유학교의 원형을 흔히 '서머힐' 학교라고 한다. 서머힐의 창립자인 닐이 페레로부터 직접적인 영향을 받았다고 볼 만한 증거는 없으나, 페레의 모던 스쿨이 페레의 죽음과 함께 없어진 뒤에 생긴 서머힐을 살펴보는 것은 페레의 현대적 계승이라고 하는 점에서 매우 중요하다.

중요한 것은 페레의 모던 스쿨이나 닐의 서머힐이 교육의 방법을 혁신한 것이 아니라, 그 내용을 혁신했다는 점이다. 예컨대 '열린 교육'은 교실을 개방하여 더욱 효율적인 학습능력을 증진시키는 것에 그 목표를 두고 있으나, '자유교육'은 효율성은 물론, 학습능력의 향상 자체를 거부한다.

최근 진보적인 교사들에게서 '전통 놀이에 의한 교육'을 중시해야 한다는 주장도 있다. 그러나 그 경우에도 놀이 자체가 목적인 것이 아니라 기성의 지식체계를 아이들에게 효율적으로 전달하기 위한 수단으로 보고 있다. 나는 민족, 민중, 민주교육의 그 어떤 내용도 반대하지 않으나, 그것이 '기성의 가치관'으로서 아이들에게 강요되어서는 안 된다고 하는 점을 강조하고자 한다.

페레와 닐이 실천한 자유교육이 몬테소리나 듀이와 다른 것은 바로 그 점이다. 구체적인 경험을 통한 학습을 주장한 점에서 그 넷은 공통적이지만, 페레와 닐은 교육의 내용이 전통적인 가치에 근거한 것이어서는 안 된다고 주장했다. 그것이 페레와 닐이 가진 교육이념의 공통적 본질이다.

중요한 것은 자유학교의 본질, 곧 자유인을 교육한다고 하는 그 본래의 목표에 대한 이해이다. 여기서 자유인이란 스스로 어떤 문제에 대해 결정할 줄 아는 민주적인 인간형을 말한다. 나머지 수업방식이나 생활규범은 그러한 자유인을 키우기 위한 방법에 불과하다. 따라서 그 방법은 나라에 따라, 학교에 따라, 시대에 따라, 개인에 따라 다를 수밖에 없다.

서머힐을 세운 닐은 "철저하게 아이들의 자유에 입각한 교육이야말로 증오와 공포에 찬 오늘날의 이 병든 세계를 구하는 유일한 길이다"라고 주장했다. 그리고 그 자유에 행동은 물론 학습과 성의 자유도 포함되었다.

페레와 닐은 교육과 인생에 관한 우리의 고정관념을 철저히 타파한다. 학교는 교과학습을 하는 곳이고, 교사는 학생보다 뛰어나며, 수험공부는 인간을 단련시키며, 모든 아이들이 같은 것을 배우는 것이 민주적이며 평등한 것이라고 하는 고정관념을 완전히 해체한다.

우리 세대는 초중고 심지어 대학에서도 거의 쉬지 않고 수험교육만을 받아왔고 교사를 절대적으로 따르며 그들의 가르침을 무비판적으로 수용했다. 교사의 말을 가장 열심히 따르는 아이들이 가장 훌륭한 학생이었다. 그리고 시간이 지나면서 상황은 더욱 심각해져 이제는 유아기부터 수험교육이 시작되고 있으며, 학교의 관리통제는 더욱 심화되고 있다. 그러한 통제에 대해 어떤 교사가 자유를 주장한다면 그는 무능할 뿐만 아니라 나쁜 교사, 문제교사로 낙인찍힐 것이다.

그렇다면, 우리 경우와는 전혀 다르게 관리나 통제가 거의 없는 학교에서 과연 학생들이 제대로 공부를 하고 상급학교(대학)나 사회에 나가 제대로 살아갈 수 있을까? 예상하겠지만 전혀 문제가 없다.

단 한 번도 출석하지 않아도 되는 자유가 있음에도 불구하고 실제 출석률은 60%를 넘는다. 그리고 일단 출석하면 열심히 공부한다. 강제되지 않은 수업이므로 학습에 대한 혐오감이나 공포심을 갖지 않고 열심히 배운다. 아이들은 교사에게 모든 것을 요구한다. 쉽게 가르쳐 달라, 더 가르쳐 달라는 요구가 끝없이 이어진다.

학생들은 자유롭지만 교사는 자유롭지 못하다. 수업에 조금만 늦어도 학생들이 아우성을 친다. 아이들은 모두 자신의 개성을 가지고 학습의 차이를 보이므로 모두를 만족스럽게 가르친다는 것은 쉬운 일이 아니다.

페레와 닐의 교육 목표는 스스로 결정할 수 있는 인간, 곧 자유인, 삶을 사랑하는 인간, 행복한 인간으로 교육시키는 데 있다. 그 사상의 본질은 자유이다. 자유를 느낄 때 인간은 비로소 행복할 수 있다. 행복은 모든 권위와 억압이 배제되고 자유 속에서 스스로의 생활이 허용될 때 얻을 수 있다. 진정한 자신을 찾는 것이 행복이다. 자유가 주어진다는 것은 사랑과 행복이 주어진다는 말과 같다.

아이들의 행복은 어른들이 그들을 사랑하고 인정하는가 그렇지 않은가에 따라 결정된다. 그 사랑이란 감상적이거나 소유하려는 애정이 아니라 진심으로 아이의 편이 되어 주는 것을 뜻한다. 그러한 사랑과 인정은 아이에 대한 신뢰, 그들의 성선性善에 대한 확신에서 비롯된다. 서머힐의 출석의 자유, 민주적인 집회, 개별적인 지도는 모두 자유를 확보하기 위한 수단에 불과하다.

아이들은 자유로 인해 무의식적인 것을 더욱 잘 의식하게 되어 자신의 성품을 잘 발전시킬 수 있다. 나아가 그들은 남의 영향을 쉽사리 받지 않는 개성적인 인간이 된다. 자유에 대한 공포가 없기 때문이다. 자유는 인간의 정신으로부터 자기혐오와 타인에 대한 혐오를 벗고 신선한 공기를 호흡하는 것과 같다.

따라서 자유는 삶에 대한 부정적인 인간이 아니라 긍정적인 인간을 만들어낸다. 자유롭게 자란 아이들은 다른 아이들보다 공격적이지 않다. 그 이유는 자유는 사랑으로서만 주어지므로 아이들은 사랑의 중요성을 알게 된다. 사랑은 사랑을 키우고 증오는 증오를 키운다. 증오 대신 사랑을 받으며 자라는 아이들은 남에 대한 공격성을 보이지 않게 된다.

페레와 닐은 평생 일체의 권위를 거부하고 자유로운 삶을 추구했다. 정치나 종교는 물론 교육에 대한 그의 기본사상은 반권위주의, 즉 자유주의이다. 자유주의란 일반적인 의미의 자유방임주의와는 구별되어야 한다. 페레와 닐은 완전한 자유를 아동에게 일임하는 것이 아니다. 완전한 자유, 무제한의 자유, 완전한 방임주의는 닐을 비난하는 구호로 자주 이용된다. 하지만 이것은 오해에서 비롯된 것이다. 우리가 앞에서 보았듯이 '하고 싶은 대로 행동하는 것'은 자유학교에서 가능하지 않다.

닐은 자유를 "생명의 안전이 지켜지고, 타인의 자유를 침해하지 않는 한에서 자기가 하고 싶은 일을 하는 것"으로 정의한다. 그것은 아동의 행동을 분명히 제한하는 것이다. 실제로 서머힐에서는 아동의 의사로 결정할 수 없는 것(예컨대 안전위생에 관한 규정)들은 집회토론의 대상에서 제외되며, 스스로 내린 결정사항에 따라 사실상 아동들의 자유는 제한된다.

그는 자유를 개인적인 것과 사회적인 것으로 나누고 전자는 완전하게 향유되어야 하지만 후자는 타인의 자유도 존중해야 하므로 그럴 수 없다고 했다. 예컨대 무엇을 공부하느냐는 개인적인 선택이므로, 싫어하는 아이에게 어떤 과목을 강제할 권리는 누구에게도 없으나, 그 아이가 어떤 수업시간에서 떠들고 논다면 그는 타인의 자유를 침해하는 것이므로 추방되어야 한다.

따라서 그는 절대적인 자유는 존재하지 않는다고 본다. 자유는 남의 자유를 침해하는 방종과 엄격하게 구별된다. 그는 자유란 상호적인 것이며, 자기통제를 뜻한다고 말했다. 자기통제란 타인을 배려하는 능력, 타인의 권리를 존중하는 능력을 뜻한다. 참다운 자유 속에서 성장한 아이는 자유의지에 의해 자신의 행동을 통제할 줄 아는 자율적인 어린이가 된다. 일체의 부자유스러운 억압이 배제되고 인간에게 자유가 주어지면 인간은 본래의 선량한 자연성을 되찾고 스스로의 의지에 따라 행동할 수 있는 자율적인 인간, 즉 자유인으로 성장할 수 있기 때문이다.

그는 구체적으로 헌법상의 자유목록을 제시하지는 않았다. 대신 그는 사랑할 자유, 놀고 일할 자유, 필요가 있으면 반역할 자유, 종교나 도덕의 강요를 받지 않을 자유를 중시했다. 외적인 행동의 자유만이 아니라 내적인 자유, 공포와 위선 및 불관용에 대한 자유를 더욱 강조했다.

서머힐에서는 특히 자치와 학습의 자유가 강조되었다. 학습의 자유는 공부하기 싫을 자유를 인정하는 것이다. 교사나 어른은 아이들에게 명령, 지시, 설교, 꾸중, 처벌 등을 일절 하지 않는다. 간섭이나 억압은 모두 금지되고 아이들 스스로의 민주적인 자치생활을 통하여 견제 받을 뿐이다. 자유로운 생활의 허용에 의해 어린이는 선량하고 자율적이며 스스로 공부한다.

페레와 닐은 우리의 세계가 증오심으로 병들었다고 보았다. 권력을 가진 인간들이 그 권력을 유지하기 위하여 머리만을 중시하고 감정을 무시한 교육을 하였기 때문이다. 억눌려 있는 인간의 감정은 세계를 파괴했다. 그것은 두 차례의 세계대전을 불러일으켰고 다시 새로운 전쟁을 야기할 수도 있다. 닐의 통찰을 들어보자.

권력을 가진 자들은 언제나 그것을 유지하고자 한다. 그러기 위해서는 국민을 말 잘 듣는 순한 양과 같이 만들어야 한다. 그래서 그들은 가장 근본적인 것부터 손을 댄다. 곧 아이를 붙잡아 어른에게 복종하도록, 성적인 요구를 억압하도록, 그리고 권위를 두려워하도록 가르친다. 그 결과 거세된 소와 같이 되어 기성의 권력에 도전하거나 반항할 수 없는 어른이 된다. 학교에서 교과목을 가르치는 것은 표면적인 것에 불과하고 진실로 노리는 것은 어린이의 개성을 틀에 집어넣어 조작하는 것이다. 이러한 교육의 결과가 무엇인지는 오늘의 병든 세계를 보면 잘 알 수 있다. 오늘날 젊은이들의 난폭한 행동은 기본적으로 부모와 교사의 권위에 대한 반항이다. 어린이를 때리는 어머니는 그렇게 함으로써 어린이로 하여금 난폭한 행동에 대해 아무렇지도 않게 생각하는 인간이 되도록 기르고 있는 것이다.

우리는 삶을 부정하고 죽음을 긍정하는 편에 서 있다. 삶의 부정은 권위의 긍정, 종교의 긍정, 억압의 긍정, 학대의 긍정 또는 적어도 그런 것들을 추종한다는 의미이다. 그것은 의무, 복종, 이윤, 권력과 같은 것이다. 반대로 삶의 긍정은 농담, 게임, 연애, 흥미 있는 일, 여러 가지 취미, 웃음, 음악, 춤, 다른 사람들에 대한 배려, 인간에 대한 신뢰 같은 것이다. 역사를 통하여 삶의 부정은 언제나 승리했다. 그리고 젊은이들이 어른들의 생각에 부합하도록 훈련을 받는 한, 그 승리는 계속될 것이다.

정치는 타협을 의미하므로 자유인은 그것에 서툴 수밖에 없다고 닐은 생각했다. 그는 젊은 시절 노동당에 입당하기도 했고, 러시아혁명 후 소련에서 남녀공학의 실시 등 새로운 교육이 실시된다는 소식에 열광하기도 했으나 스탈린의 피의 숙청 이후 공산주의에 실망했다. 그리하여 공산주의를 종교와 같은 것으로 비난하고 그 후에는 정치에 관심을 갖지 않게 되었다. 국제외교는 더러운 게임이라고 보았으나, 대의제 민주주의는 독재보다 나은 것이라고 생각했다. 그러나 그는 현대세계가 산업에 의한 비인간화와 불합리한 인종적 증오로 인하여 더욱 불길하고 위험한 방향으로 나아가고 있다고 보았던 것이다.

닐의 서머힐에서 볼 수 있는 전형적인 자유교육 사상은 페레로부터 비롯된 것이었다.

나는 십여 년 전 전교조 주최의 한 강연에 참석하여 페레를 소개하면서 우리 교육의 문제는 기본적으로 어린이에 대한 억압에 있다고 말한 적이 있다. 교사의 인권도 중요하지만 교사가 어린이의 인권을 억압하는 가해자일 수도 있다는 측면을 강조하자 많은 비판이 제기되었다.

교육현장에 서 보라. 그러면 체벌이 왜 불가피한 줄을 알게 될 것이라는 반박도 있었다. 그러나 나는 '꽃으로도 아이를 때리지 말아야 한다'고 주장했다. 나아가 교육이라는 말 자체에도 문제가 있다고 말했다. '가르쳐 키운다'는 것이 문제라는 이야기였다. 아이들 '스스로 자라도록' 도와주는 것이 교사와 부모 그리고 사회와 국가의 책무일 것이다.

어떤 상황에서도 법의 실행을 군인들에게 맡겨서는 안 된다

잡지 〈매클루어 매거진 *McClure's Magazine*〉(매클루어 매거진은 19세기 말에
서 20세기초까지 미국에서 발행된 문학 및 저널리즘 잡지이다)의 편집자의 요
청으로 조사에 착수하였을 때만 하더라도, 나는 프란시스코 페레라는
이름을 거의 들어본 적이 없었다. 다시 말해, 나는 무지라는 공평성을
바탕으로 사건에 접근하였다.

상황은 이러했다. 작가이자 저널리스트인 퍼세벌 기번 Perceval Gibbon
씨가 〈매클루어 매거진〉에 페레에 대한 글을 기고하였다. 여기까지는
아무런 문제가 없는 듯하였다. 이 글은 페레에 대해서 제대로 알려지
지 않은 상태에서 씌여진 글이었다. 그런데 미국 내 로마 가톨릭계에
서 이 글에 대해 맹렬한 공격을 퍼부으며, 페레의 성격과, 직업, 범죄를

전설화 시키는 것에 종교적으로 반대하였다. 기번 씨에게 그들이 퍼부은 비난들 가운데 그를 가장 '자극했던' 것은 그가 《로마제국의 쇠퇴와 멸망*The Decline and Fall of the Roman Empire*》을 저술한 작가의 후손이 분명하다는 것이었다. 언제나 양쪽의 의견을 들어봐야 하므로, 〈매클루어 매거진〉은 가톨릭 인사의 글도 내보냈다. 그런데 이 글은 이미 사실로 인정된 부분까지 왜곡하거나 오해를 하고 있는 내용을 실으면서 자신들의 무지를 드러냈다. 그래서 이 잡지의 편집자는 내게 스페인에 직접 가서 사건 전반에 걸친 독립적인 조사를 진행할 것을 의뢰하였다.

위에서도 언급했지만, 나는 페레에 대한 아무런 편견이나 사전 지식이 없었기 때문에, 무엇과 맞서 싸워야 한다는 생각이나 의지가 없었다. 나는 로마 가톨릭 신자도 아니었지만, 그렇다고 가톨릭에 대한 어떠한 형태의 적대감도 가지고 있지 않았다. 사실, 나는 페레가 유죄이거나, 공정한 재판을 받았다면, 매우 쉬웠을 것이라고 확신했었지만, 그렇게 되지 않았다고 해서 결코 기분 나쁜 것도 아니었다. 나는 제 삼자의 시각에서 보아도 엄격하게 중립성을 유지하였다. 만약에 그렇지 않다면 〈매클루어 매거진〉 입장에서 실수를 고백하게 되고 그렇게 된다면 미국 국민 가운데서도 중요한 사람들과의 화해를 할 수 없을 것이다. 나는 조사를 시작한 지 얼마 지나지 않아 퍼세벌 기번의 글이 옳았음을 알게 되었다.

페레에 대한 조사를 시작한 후 1~2주 동안 나의 판단은 유보적이었다. 하지만 재판에 대한 공식 문서인 〈프란시스코 페레 가디아에 대한 소송 변론서*Fuicio Ordinario seguido...contra Francisco Ferrer Guardia*〉를 입수해서

읽자마자 모든 의혹은 씻은 듯이 사라졌다. 나는 페레가 법적인 죄가 없을 뿐만 아니라 그 반대로 거대한 사법부의 우매함 때문에 페레가 희생되었음을 알았다.

아마 어떤 이는 내가 스페인식 사법 절차에 영국식 법적 원칙과 증거 규정을 적용하고 있기 때문에 그런 것 아니냐고 비판할지도 모르겠다. 전혀 그렇지 않다. 영국식 법적 원칙에 대해 배웠던 아주 사소한 지식도 이미 내 머릿속에서 사라진 지 오래 되었다. 내가 조사하는 데 적용했던 원칙은 상식적인 것이며 공정한 절차였냐는 것이다. 당시의 스페인 군법은 모든 피고인들에게 매우 불공평하게 적용되었으며 페레라고 해서 예외는 아니었다.

영국과 스페인에서 나에게 큰 지원과 도움을 아끼지 않았던 사람들을 일일이 나열하지는 않겠다. 그 중 특히 감사의 말을 전하고 싶은 두 사람이 있는데, 한 명은 수없이 많은 나의 질문들에 대해 끝까지 친절하게 답변을 해준 타리다 델 마몰Tarrida del Marmol 교수이며 다른 한 명은 관대한 아량으로 귀중한 페레의 친필 편지는 물론, 그 외의 많은 자료들, 특히 모던 스쿨의 출판물들을 나에게 보여준 윌리엄 히포드William Heaford 씨이다. 델 마몰 교수와 히포드 씨의 도움이 없었다면 나의 작업은 거의 불가능했을 것이다. 마드리드 대학교의 심리학 교수이자 《페레의 재판과 유럽의 생각 El Proceso Ferrer y la Opinion Europea》의 저자이기도 한 시마로 L. Simarro 박사는 사건에 대한 대가 다운 연구를 통한 완벽한 증거들을 제공함으로써, 내가 임무를 수행하는 데 있어 큰 도움을 주었다. 범죄조사부의 찰스 애로우Charles Arrow 씨는 다른 부수적 도움뿐만 아니라, 1907년의 마드리드 재판 기록을 나에게 빌려주었는데, 이것이 큰 도움이 되었다. 아울러 바르셀로나 지역에서 조사를 진행하던 나에게 많은 도움을 준 월시 B. Walsh 씨에게도 감사의 말을 전하고 싶다.

이 사건에 대한 가톨릭 측의 의견을 듣기 위해, 현지의 가톨릭 관계자들을 만나 보았는지 궁금할 수 있다. 물론 만나 보았다. 나는 가톨릭계 언론의 파일들은 물론, 가톨릭 책과 팸플릿(예를 들어 〈La Semana Sangrienta〉, 〈Villaescusa's La Revolution de Fulio〉, 〈Casimiro Comas's Francisco Ferrer〉 등)까지 읽어 보았으며, 가톨릭의 관점에서 사건을 밝힐 수 있다는 사람을 찾아 다녔다. 그러나 이 조사에선 아무런 성과가 없었다. 관계자들이라 불리는 그들은 사건에 대해 아무것도 알지 못하며 알려고도 하지 않았다. 그들은 페레가 특정 범죄에 대해 유죄인지의 여부를 떠나, 단순히 매우 위험한 인물이므로 죽었어야 마땅하다고 생각하고 있었다. 그것이 전부였다. 그들은 재판의 공식 기록에서 결론적으로 페레의 생각이 잘못되었다는 것이 입증되었다는 말만 반복할 뿐이었다. 그들은 공소 내용을 전혀 알지 못했다. 내가 만약 하고자 했다면 그들보다 훨씬 더 그럴싸하게 페레에 대한 반론을 제기할 수도 있었을 것이다.

스페인 국내에서는 물론 국외에서도 페레를 "스페인의 드레퓌스"라 일컬었다. 두 "사건" 사이엔 비슷한 점이 있다. 두 사건에서 우리는 가장 단순한 원칙과 정의의 실천을 함부로 다루는 성직권주의에서 비롯된 군국주의를 볼 수 있다. 두 사건에서의 희생자는 교회의 미움

을 받은 인물로, 프랑스에서는 유대인이며, 스페인에선 자유사상가이
다. 만약 페레 사건에 대한 나의 이해가 정확하다면, 드레퓌스의 사건
과 마찬가지로, 페레가 저지른 고의적인 악행은 많지 않았다. 반면, 증
거가 있건 없건 상관없는 유죄 판결은 프랑스보다는 스페인 당국에서
더 명백히 찾아볼 수 있다. 그에게 닥친 재앙 외에는 알려진 것이 별로
없는 드레퓌스에 비해, 페레의 성품은 그 자체가 흥미롭다. 그러나 이
두 사건의 가장 큰 차이점은 스페인 정부가 프랑스 정부와는 다르게
자신의 부끄러운 모습을 감추기 위해서 성직권주의에 광신적인 모습
을 모이며 희생자를 죽였다는 사실이다. 드레퓌스의 사건을 보고, 그
들에게 있어 최선의 안전한 방법을 선택했을지도 모른다. 사실, 어떠
한 논쟁이나 변혁도 10월의 그 날 아침, 몬주익의 참호에서 발생한 그
일은 되돌릴 수 없다. 그러나 당시 스페인의 총리였던 돈 안토니오 마
라 Don Antonio Maura 와 교황지상권주의자들에게는 어떤 사람들보다도 페
레의 유령이 무섭게 다가올지도 모른다.

한 가지 바람이 있다면, 스페인이 저지른 무시무시한 실수에 대한
보상 차원에서, 페레의 꿈이었던 민중에 대한 교육을 진지하게 착수했
으면 하는 것이다. 물론 그의 원칙과 방식들이 절대적으로 도입되어야
함을 의미하는 것은 아니다. 아이들이 종교에 대한 편협성이나 반감을
갖지 않도록 하며, 자유롭고 계몽된 인간으로 자라날 수 있는 기회를
줄 수 있는 그런 교육을 하자는 것이다. 스페인을 제외한 모든 국가들
에서는 이미 극히 쉬운 일이 되었다. 풍요로운 자연과 예술이 공존하
는 고귀하고 아름다운 땅에 영적 노예와 격렬한 반대자 사이의 매개

자가 없다는 것은 얼마나 슬픈 일인가!

모든 것은 지나갔다. 그리고 페레 사건은 한 가지 중요한 교훈을 남겼다. 반대를 하거나 공정한 시각을 갖는 것을 허용하지 않는 무능한 군사재판에 시민들의 생명과 자유를 몰아넣는 완전히 비합리적이고 변명의 여지가 없는〈트리스디시오네스 법령Ley de Turisdicciones〉과 같은 법령은 사라져야만 한다. 페레는 "계엄"령의 희생자가 아니라, 군대의 압박에서 비롯된 성급한 절차의 희생자이다. "계엄 상태"도 오랜 시간 끝에 막을 내렸고, 이 땅의 정상적 법이 다시 찾아왔다. 그러나 군대에 대한 범죄로 기소된 사람은 군대 재판으로 다스려지고 있으며 가능한 모든 불이익이 죄수에게 가해질 수 있는 법 역시 정상적인 법이었다. 결론적으로 말하자면 페레 사건은 "계엄령"이 아닌 "군법"에 관한 것이었다. 그것은 전혀 별개의 것이다. 이것은 실제 전쟁을 제외한 그 어떤 상황에서도 법의 실행을 군인들에게 맡겨서는 안 된다는 비극적 경고를 스페인뿐만 아니라 모든 국가들에게 메시지를 전하고 있다.

1911년 3월 10일
런던에서 윌리엄 아처

옮긴이 이훈도

1954년 대구에서 태어났다. 1978년 경북대학교 사범대학 일반사회교육학과를 졸업. 동대학교 대학원에서 교육철학 및 사학을 전공, 박사학위를 취득했다.
논문으로 〈야학의 한국교육 문화사상사적 연구〉, 〈한국교육문화의 이중성〉 등이 있으며 공저로 《신문의 교육론 비판》이 있다.

꽃으로도 아이를 때리지 말라

초판 1쇄 | 2013년 10월21일
2쇄 | 2015년 1월 15일

지은이 | 프란시스코 페레 · 박홍규
옮긴이 | 이훈도
편　집 | 김재범
디자인 | 임예진
펴낸이 | 강완구
펴낸곳 | 써네스트
출판등록 | 2005년 7월 13일 제313-2005-000149호
주　소 | 서울시 마포구 동교동 165-8 엘지팰리스 빌딩 925호
전　화 | 02-332-9384　　**팩　스** | 0303-0006-9384
이메일 | sunestbooks@yahoo.co.kr
ISBN 978-89-91958-82-1　(04370)　　값 12,000원

〈우물이 있는 집〉은 써네스트의 인문 브랜드입니다.

정성을 다해 만들었습니다만, 간혹 잘못된 책이 있습니다. 연락주시면 바꾸어 드리겠습니다.

이 도서의 국립중앙도서관 출판사도서목록(CIP)은 서지정보유통지원시스템 홈페이지 (http://seoji.nl.go.kr)와 국가자료공동목록시스템 (http://www.nl.go.kr/kolisnet)에서 이용하실 수 있습니다. (CIP제어번호 : CIP2013020385)